Sabine Börchers
Routen der Freiheit

W0192164

FrankfurtRheinMain

#visitrheinmain

Sabine Börchers

Routen der Freiheit

Auf den Spuren der Demokratiebewegung in FrankfurtRheinMain

societäts\verlag

Lesehinweis »Gendergerechte Sprache«: Aus Lesbarkeitsgründen wird im vorliegenden Bericht die männliche Sprachform verwendet. Hiermit ist keine Benachteiligung des weiblichen Geschlechts verbunden. Die sprachliche Vereinfachung ist als geschlechtsneutral zu verstehen.

Herausgegeben in Zusammenarbeit mit der Destination FrankfurtRheinMain und dem Netzwerk Tourismus FrankfurtRheinMain
c/o Tourismus+Congress GmbH Frankfurt am Main

Alle Rechte vorbehalten · Societäts-Verlag
© 2022 Frankfurter Societäts-Medien GmbH
Satz: Julia Desch, Societäts-Verlag
Umschlaggestaltung: Bruno Dorn, Societäts-Verlag
Umschlagabbildung: #visitrheinmain; „David Vasicek pix123-fotografie Frankfurt Germany pix123.de"
Karten: IDSKG Kartographie & Grafik; StolzDesign
Druck und Verarbeitung: CPI books GmbH, Leck
Printed in Germany 2022

ISBN 978-3-95542-408-4

Besuchen Sie uns auch im Internet:
www.societaets-verlag.de

Inhalt

Geleitwort 7
Vorwort 9

Route 1 – Rund um die Paulskirche 12
Im Zentrum der Demokratiebewegung 16
Vom Deutschen Bund zum Vorparlament 19
Spaziergang: Auf den Spuren der Parlamentarier und
Freiheitskämpfer....................................... 27

Route 2 – In die Wetterau 48
Karben-Petterweil.................................... 50
Friedberg 54
Bad Nauheim 63
Wölfersheim.. 67
Butzbach.. 68
Wer noch weiter möchte:
Nidda 76
Büdingen 78

Route 3 – Von Offenbach zum Untermain 80
Offenbach 82
Seligenstadt.. 94
Kahl am Main 95
Hanau 102
Langenselbold....................................... 112
Wer noch weiter möchte:
Steinau an der Straße............................... 113

Route 4 – Bis in den Spessart und zum Mainviereck 116
Aschaffenburg....................................... 118
Wörth am Main 127
Kleinheubach 129
Miltenberg 131

Wertheim 139
Wer noch weiter möchte:
Laufach 144

Route 5 – Von Darmstadt bis zur Bergstraße 146
Darmstadt.. 148
Riedstadt-Goddelau 156
Zwingenberg... 161
Bensheim-Auerbach.. 163
Heppenheim/Hemsbach... 166
Wer noch weiter möchte:
Michelstadt/Erbach 173

Route 6 – In den Rheingau und nach Rheinhessen 178
Mainz.. 180
Wiesbaden 194
Oestrich-Winkel 199
Ingelheim 205
Wer noch weiter möchte:
Bingen.. 207
Assmannshausen 211

Route 7 – Hochtaunus/Main-Taunus 214
Bad Homburg... 216
Oberursel 218
Kronberg... 221
Kelkheim-Hornau 224
Schmitten 226
Wer noch weiter möchte:
Usingen... 231

Literatur (Auswahl) 235
Abbildungsnachweis 236

Geleitwort

Als »Wiege der Demokratie« wird die Frankfurter Paulskirche gern bezeichnet. Hier trat 1848 das erste frei gewählte deutsche Parlament zusammen. Voraus gingen eine Revolution, und über dreißig Jahre politische Vorarbeit. Die Demokratie, von der sie träumten, konnten die Abgeordneten damals nicht erreichen und bis zum parlamentarisch-demokratischen Deutschland war es noch ein langer Weg. Ihre Ideen waren jedoch ein Meilenstein. Sie fanden Eingang sowohl in die Weimarer Verfassung als auch in das Grundgesetz.

Frankfurt und das Rhein-Main-Gebiet waren Brennpunkte des Vormärz und der Revolution. Hier liefen Fäden zusammen, wurden Aktionen geplant, revolutionäre Zirkel von der Polizei bespitzelt, Demokraten von einer erbarmungslosen Justiz verfolgt. Und was die Parlamentarier der ersten Stunden bitter erfahren mussten, gilt auch heute noch: Dass der Bestand einer einmal errungenen Demokratie keine Selbstverständlichkeit ist, sie an Gegenkräften ebenso scheitern kann wie an sich selbst.

Die Destination FrankfurtRheinMain und das Netzwerk Tourismus FrankfurtRheinMain laden Sie nun ein, mit diesem Buch Erinnerungsorte der Region aufzusuchen und Ihren eigenen Routen zu folgen.

Der Vorstand der Destination FrankfurtRheinMain:
Oberbürgermeister Peter Feldmann (Vors.), Stadt Frankfurt am Main
Landrat Michael Cyriax, Main-Taunus-Kreis
Oberbürgermeister Jürgen Herzing, Stadt Aschaffenburg
Oberbürgermeister Claus Kaminsky, Stadt Hanau
Oberbürgermeister Jochen Partsch, Stadt Darmstadt
Landrat Oliver Quilling, Kreis Offenbach
Oberbürgermeister Dr. Felix Schwenke, Stadt Offenbach
Landrat Jan Weckler, Wetteraukreis
Landrat Thomas Will, Kreis Groß-Gerau

Vorwort

Wie kostbar und zerbrechlich demokratische Werte wie Freiheit und Gleichheit sind, wird uns aktuell besonders ins Bewusstsein gerückt beim Blick auf die Entwicklungen in der deutschen Gesellschaft sowie um uns herum in Europa. Umso wichtiger ist es, den mühsamen Kampf um Demokratie, den Generationen vor uns kämpfen mussten, in den Köpfen wach zu halten. Auch wenn die Deutschen im Gegensatz zu den französischen Nachbarn damals keine besonders innige Beziehung zur Revolution hatten, vor 175 Jahren wurde überall für Freiheit, Demokratie und eine gesamtdeutsche Nation gekämpft. Die Paulskirche bildete 1848 das politische Zentrum. Dort wurde debattiert, gestritten und es wurden die verfassungsrechtlichen Grundsätze für einen gesamtdeutschen Staat festgelegt. Was aber ebenso wichtig ist: Weit über Frankfurt hinaus waren im gesamten Rhein-Main-Raum bis in den Rheingau, den Odenwald, an den Untermain und zur Bergstraße viele Menschen bereit, für ihre Freiheit ihr Hab und Gut, ihre Existenz und sogar ihr Leben aufs Spiel zu setzen.

An sie in diesem Buch zu erinnern, war mir ein Anliegen. Es soll Geschichte lebendig werden lassen. Und das geht am besten anhand von Orten, die noch etwas erzählen können. Wenige steinerne Relikte sind aus der Zeit zwischen 1830 und 1848/49 erhalten geblieben. Doch es gibt sie, die Erinnerungsstätten der deutschen Demokratiegeschichte. Es sind, wie die Menschen, die darin eine Rolle spielten, oft einfache Häuser, wie das des Pfarrers Flick in Petterweil oder das frühere Eckstein'sche Wirtshaus in Ober-Laudenbach. Doch sie sind zugleich Denkmäler im Wortsinne. Sie sollen Denkanstöße sein und dazu anregen, sich in die Zeit zurückzuversetzen, in denen die Menschen ihre politische Meinung nicht offen aussprechen durften, in denen sie nicht das Recht hatten, frei über ihr Leben zu entscheiden.

Auch wenn alle Orte im Buch einzeln aufgeführt sind, wird immer wieder deutlich, wie stark die Vernetzung der Protagonisten im gesamten Rhein-Main-Raum war. Bereits im Vormärz gab es Verbindungen zwischen dem Darmstädter Schriftsteller Georg Büchner, der in Gießen studiert hatte, seinem Co-Autor Friedrich-Ludwig Weidig in Butzbach, dessen Schwager Theodor Reh, der das bedeutende Volksfest in Hanau-Wilhelmsbad mitorganisierte, Carl Preller, dem Drucker des Hessischen Landboten in Offenbach, dem Frankfurter Liberalen Friedrich Siegmund Jucho und einigen mehr. Jucho wiederum nahm am Hallgarten-Kreis von Adam von Itzstein in Oestrich-Winkel teil, der vor allem Liberale aus dem süddeutschen Raum zusammenbrachte. Um 1848 waren es etwa die Turner, die sich aus allen Staaten zu gemeinsamen Festen auf dem Feldberg trafen, in Hanau den Deutschen Turnverband gründeten und nach dem drohenden Scheitern der Nationalversammlung im badisch-pfälzischen Aufstand für die Verfassung in den Kampf zogen.

Ich habe für dieses Buch sieben Routen zusammengestellt und versucht, dafür die wichtigsten Orte der Demokratiebewegung zusammenzutragen, so dass sich die Leser auf eine Spurensuche durch Frankfurt und das Rhein-Main-Gebiet begeben können. Die Auswahl ist nicht vollständig, manches ist an den Rändern der Routen herausgefallen. Zudem beschäftigen sich Wissenschaftler und Heimatforscher derzeit verstärkt mit dieser Epoche und gewinnen neue Erkenntnisse. Anstoß zu dem Projekt gaben die Bürgerreisen des Frankfurter Oberbürgermeisters Peter Feldmann zu Orten der Demokratiegeschichte, die der Historiker Dr. Thomas Scheben jeweils akribisch vorbereitete. Ich durfte dessen Manuskripte zu vier dieser Routen als Grundlage für dieses Buch nutzen. Herr Scheben war darüber hinaus ein sehr hilfreicher Stichwortgeber und Redakteur aller Kapitel, dem mein großer Dank gilt.

Ich habe versucht, zu den einzelnen Orten jeweils die Ereignisse zusammenzutragen und sie an konkreten »Denkmälern« festzumachen. Das können Gedenktafeln, Monumente, ein Haus, eine Straße, ein Berg oder auch nur eine Kanonenkugel in einer Gebäudewand sein. Manchmal gibt es den konkreten Ort nicht mehr, dann war aber das Ereignis zu wichtig, um es wegzulassen. Es empfiehlt sich, die Touren, wenn man sie denn in Gänze verfolgen möchte, mit dem Auto abzufahren, da viele Orte abgelegen sind. Um einen Eindruck von den Lebensverhältnissen der Menschen damals zu erhalten, rate ich dazu, die zahlreichen, häufig mit viel Mühe ehrenamtlich geführten Heimatmuseen auf den Routen zu besuchen. Ich konnte nur eine Auswahl von ihnen nennen.

Um den Bogen zu unserer heutigen Situation zu schlagen, habe ich zu jeder Tour Historiker, Experten und junge Menschen dazu befragt, wie die Demokratiebewegung von damals heute nachwirkt oder nachwirken sollte. Vielleicht können die Antworten darauf und dieses Buch insgesamt als Anstoß dazu dienen, sich künftig in der Öffentlichkeit weniger auf den Makel des Scheiterns der Revolution von 1848 zu konzentrieren als auf die Kraft und Gemeinschaft, die von ihr ausging, sowie auf das Fortwirken der Leitgedanken der »Paulskirchenverfassung« in der späteren Weimarer Verfassung und unserem heutigen Grundgesetz.

Mein Dank gilt meinem Auftraggeber, der Tourismus+Congress GmbH Frankfurt am Main, für die große Unterstützung, den zahlreichen Archiven, Museen, Institutionen und Forschern vor Ort, die mir mit vielen Informationen, Abbildungen und Rat zur Seite standen sowie meinem Mann Thorsten Willig, der sich mit mir geduldig auf die Suche nach den Orten gemacht und viele Fotos beigesteuert hat.

Sabine Börchers, Juli 2022

Route 1
Rund um die Paulskirche

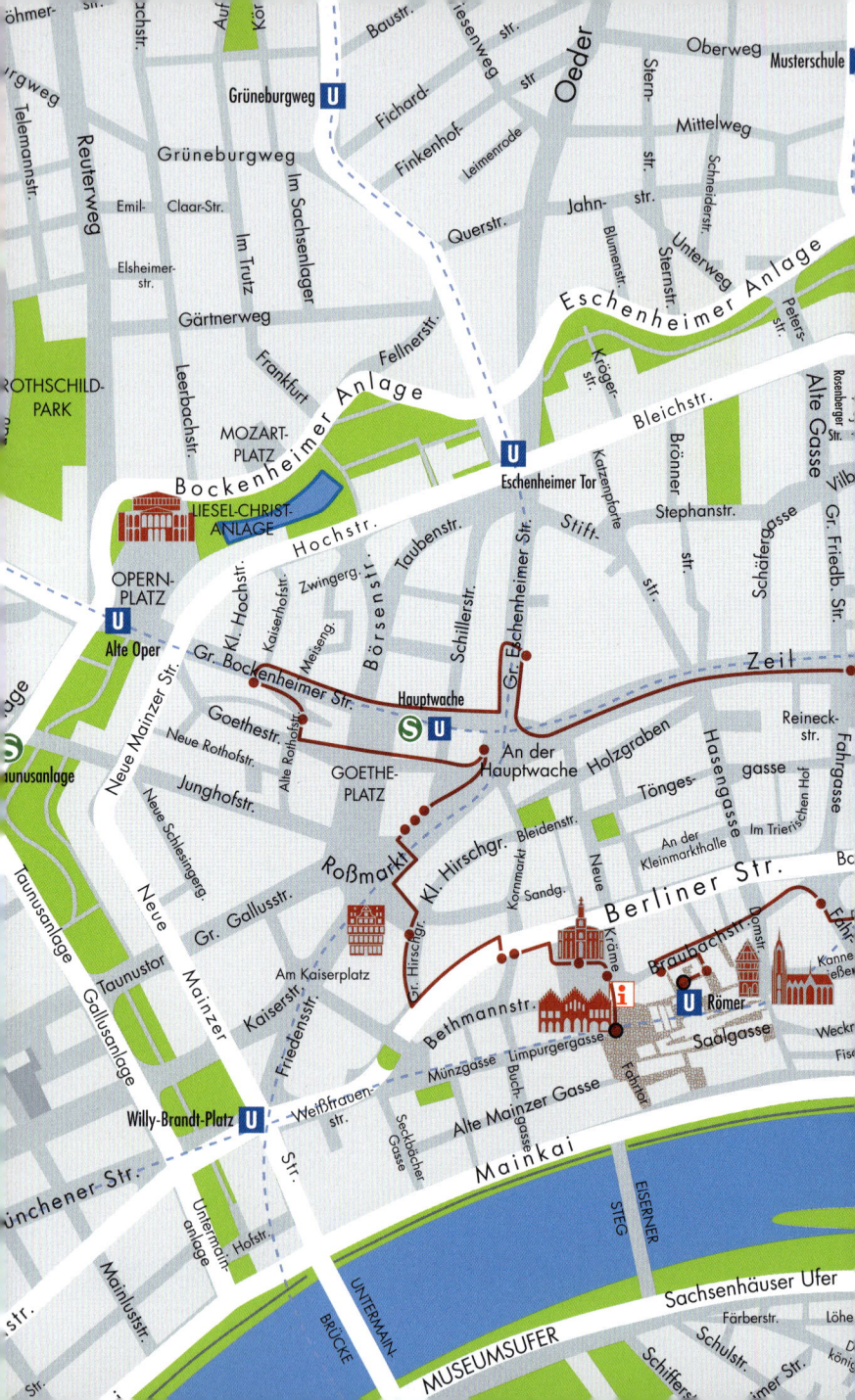

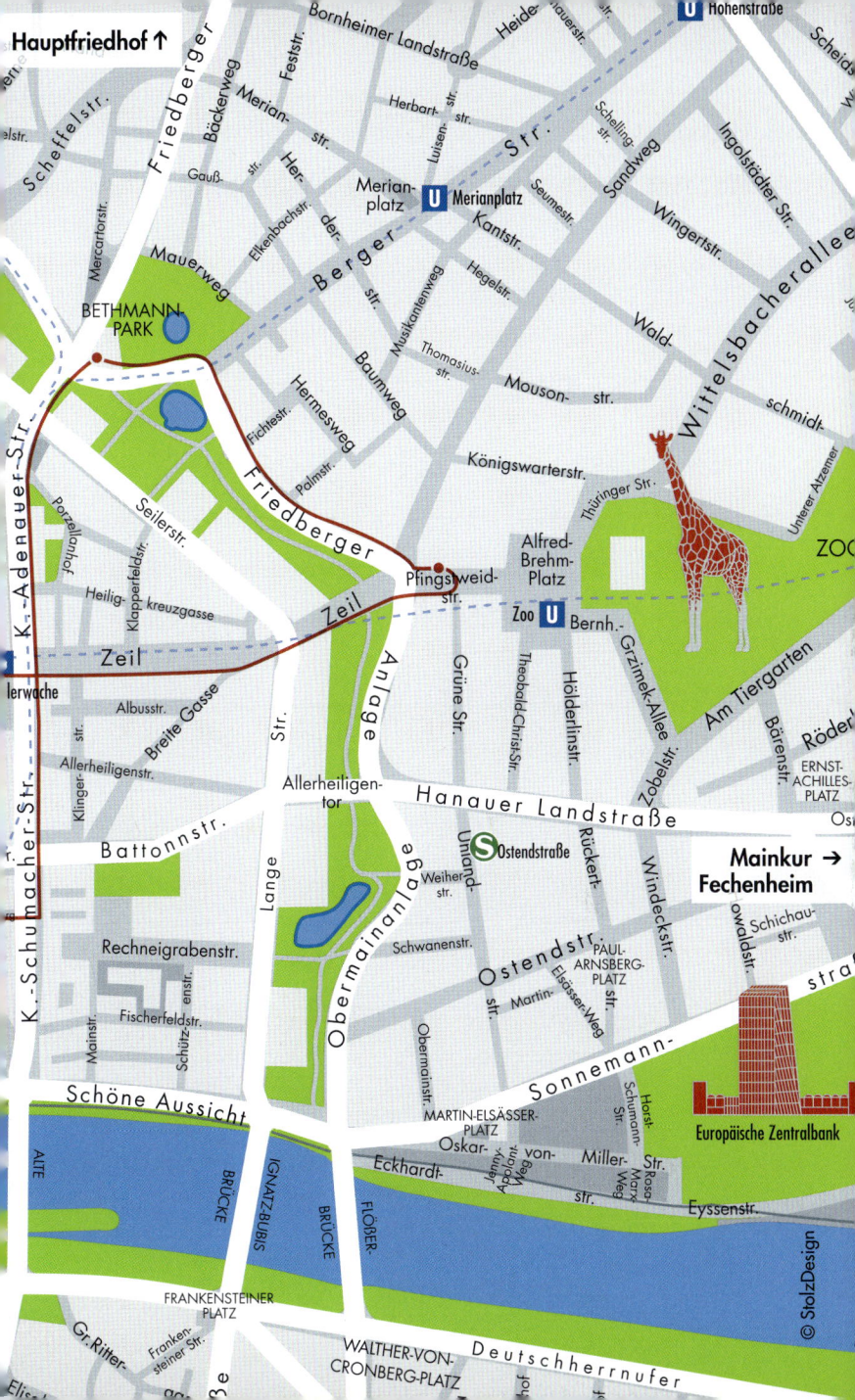

Route 1
Rund um die Paulskirche

Im Zentrum der Demokratiebewegung

Frankfurt war der zentrale Ort der deutschen Revolution von 1848. Die Gesandten des Deutschen Bundes, des Zusammenschlusses der deutschen Fürstentümer und freien Städte, tagten seit 1816 in der Stadt. Auch deshalb wählten die Mitglieder des Vorparlaments sie als Ort der Nationalversammlung. Als man einen Sitz für das erste gesamtdeutsche Parlament suchte, bot sich die Paulskirche als damals größter Versammlungsraum der Stadt an. Auch wenn das Vorhaben der Abgeordneten, für das Land Einheit und Freiheit sowie einen liberalen Rechtsstaat zu erreichen, scheiterte, ist die Paulskirche bis heute das Symbol der deutschen Demokratiegeschichte geblieben. Nach ihrer Zerstörung im Zweiten Weltkrieg wurde sie als eines der ersten öffentlichen Bauwerke im Nachkriegsdeutschland bereits 1948 als »Haus aller Deutschen« wiedererrichtet. Bis heute gilt sie als Gedenkstätte mit internationaler Reputation und soll künftig, frisch saniert und ergänzt durch ein »Demokratiezentrum«, weiter aufgewertet werden.

Ihre ursprüngliche Funktion als evangelisch-lutherische Kirche ist, obwohl bis heute das goldene Kreuz auf der Turmspitze prangt, dagegen in den Hintergrund getreten. Die Geschichte der Paulskirche beginnt bereits im 13. Jahrhundert mit ihrem gotischen Vorgängerbau, der Barfüßerkirche, einer Klosterkirche des Franziskanerordens, die im Volksmund »Barfüßer« genannt wurden. Mit der Reformation wurde die katholische Hallenkirche zur lutherischen Hauptkirche der Stadt und damit schnell überbeansprucht. 1786 riss man sie schließlich ab und wollte sie durch einen

Die Paulskirche um 1850

Neubau ersetzen. Aufgrund von Meinungsverschiedenheiten über
Grundriss, Innenausbau und darüber hinaus chronischem Geld-
mangel wurde der ovale Bau aus rotem Mainsandstein mit dem
vorgesetzten Turm erst 1830 vollendet und am 9. Juni 1833 auch
als Abkehr von der katholischen Vergangenheit auf den Namen
»Paulskirche« getauft.

Im Innenraum waren die Sitze konzentrisch um die Kanzel
platziert. Der Saal war von einer Empore umgeben, so dass insgesamt fast 2.000 Menschen darin Platz fanden. Allerdings zeigte sich schon bald nach der Einweihung, wie schlecht seine Akus-
tik war, so dass man schon um 1834 einen Schalldeckel in den
Saal einbaute, der aber wenig bewirkte. Als die Deutsche Nationalversammlung im Mai 1848 in die Kirche einzog, wurde der Ge-

Innenansicht der Paulskirche vor 1848

meinde die Nutzung als lutherische Hauptkirche Frankfurts ent-
zogen. Man verhängte den Altar, die Kanzel und die Orgel. Erst
drei Jahre nach der letzten Sitzung des Parlaments übergab man
die Kirche wieder ihrer eigentlichen Bestimmung. Ende des 19.
Jahrhunderts wurden der Innenraum farblich neu gestaltet und
die Decke mit Malereien verziert. Es fanden auch weiterhin welt-
liche Veranstaltungen dort statt. Bereits zum 50. Geburtstag
des Parlaments kam erstmals die Idee auf, die Paulskirche zu einem Nationaldenkmal umzuwandeln. In der Zeit des Nationalsozialismus versuchte die Stadtregierung dagegen, die Erinnerung
an die Revolution von 1848 zu unterdrücken. Der letzte Gottes-
dienst fand am 12. März 1944 statt. Nur wenige Tage später wurde die Paulskirche bei den Bombenangriffen auf die Frankfurter
Altstadt zerstört.

Vom Deutschen Bund zum Vorparlament

Dem ersten frei gewählten deutschen Parlament in der Paulskirche waren einige Jahre des Freiheitskampfes vorangegangen. Mit dem Ende der napoleonischen Herrschaft im deutschen Raum hatten viele Menschen 1815 die Hoffnung verbunden, dass eine nationale Einheit Deutschlands mit einem freiheitlichen Staat verwirklicht werden könnte. Doch sie blieb unerfüllt. Auf dem Wiener Kongress wurde lediglich der »Deutsche Bund« gegründet, ein loser Zusammenschluss aus zunächst 34 Fürstentümern und vier Freien Städten, darunter Frankfurt, der von Preußen und Österreich dominiert wurde, mit Sitz im Palais Thurn- und Taxis in Frankfurt. Die Fürstentümern kehrten immer stärker zu den vornapoleonischen Zeiten zurück. Ihre Versprechen, Verfassungen einzuführen und politische Teilhabe zu ermöglichen, blieben oftmals unerfüllt. Hinzu kamen massive staatliche Repressionen. Es entstand ein System von Gewalt, Unterdrückung und Bespitzelung.

Die Einschränkungen der Freiheitsrechte sowie eine wachsende Armut der Bevölkerung stachelten den Widerstand an. Die französische Julirevolution von 1830 entfachte den Freiheitskampf. In vielen Gebieten kam es zu Aufständen, so auch im Rhein-Main-Raum, der damals unter fünf souveränen Staaten aufgeteilt war, mit Frankfurt im Zentrum. Nördlich davon bildete die Landgrafschaft Hessen-Homburg eine kleine Enklave. Im Westen erstreckte sich das Herzogtum Nassau mit Wiesbaden im Zentrum, das bis nach Höchst reichte. Das Kurfürstentum Hessen mit der Hauptstadt Kassel zog sich in einem schmalen Streifen bis nach Bockenheim, aber auch nach Hanau herunter. Mittelhessen mit der Wetterau und der Süden inklusive Mainz gehörten zum »Großherzogtum Hessen«, mit Darmstadt als Residenz. Im Südosten reichte das Königreich Bayern bis hinauf zum Untermain und nach Aschaffenburg.

Sie alle erlebten in unterschiedlicher Ausprägung, dass es im Volk brodelte: In der kurhessischen Provinz Hanau wurden Zollgebäude gestürmt. In den ländlichen Gebieten der Wetterau protestierten die Bauern gegen die Steuerlasten des alten Feudalsystems. Bei Butzbach richteten Soldaten das »Blutbad von Södel« an, das die Bevölkerung weiter erbitterte. Auf dem Hambacher Schloss in der Pfalz versammelten sich schließlich Ende Mai 1832 rund 30.000 Menschen von überallher und forderten »vereinigte Freistaaten Deutschlands« mit einer republikanischen Verfassung. Nicht einmal vier Wochen nach dem Hambacher Fest kamen rund 8.000 Menschen in den Park von Hanau-Wilhelmsbad, um für Freiheit und Einheit einzutreten. Ein Netzwerk aus Oppositionellen umspannte die Staaten von Gießen über Butzbach bis Offenbach, Hanau, Darmstadt und in den Odenwald. Im April 1833 versuchte eine demokratisch und national ausgerichtete Bewegung schließlich den revolutionären Umsturz. Um den Deutschen Bund an seinem Hauptsitz zu treffen, stürmten Revolutionäre die Frankfurter Hauptwache und die Konstablerwache in der Hoffnung, dass dieser Zündfunke einen Flächenbrand auslösen würde. Doch ihr Vorhaben war verraten worden und wurde innerhalb einer Stunde vom Militär niedergeschlagen. Bei den Auseinandersetzungen gab es mindestens neun Tote, zahlreiche Verletzte, es kam zu umfangreichen Verhaftungen. Einschränkungen der Presse- und Versammlungsfreiheit folgten. Man verlegte sich schließlich darauf, in eher harmlos scheinenden Vereinen der Turner, Schützen oder Sänger weiter zu diskutieren. Nach und nach entstanden erste politische Zirkel, die, oft im Verborgenen, über die Einheit Deutschlands debattierten. Liberale wie Heinrich von Gagern wollten dabei die selbstherrlichen Fürsten durch ein gewähltes Parlament kontrollieren lassen. Die Demokraten wollten die Adelsherrschaft abschaffen und durch eine parlamentarische Demokratie ersetzen.

»Anfang einer Revolution« »Am 3. April 1833 abends um halb zehn Uhr wurden in der freien Stadt Frankfurt am Main die an den beiden Enden der Zeil Straße gelegenen Wachhäuser, die Hauptwache und die Konstablerwache, – gleichzeitig von einer Anzahl Bewaffneter überfallen, die Schildwachen und mehrere andere Frankfurter Linien-Soldaten teils getötet, teils verwundet, und die übrige in den Wachstuben versammelte Wachmannschaft von ihren in den Vorhallen hängenden Gewehren abgeschnitten und zerstreut. Sogleich wurden auch die in den Wachgebäuden wegen politischer Vergehen im Untersuchungs-Arreste befindlichen Gefangenen befreit, teilweise bewaffnet, und eben so wie die durch den Tumult herbeigezogene Volksmenge aufgefordert, sich den Aufrührern anzuschließen«, so hieß es damals im Untersuchungsbericht.

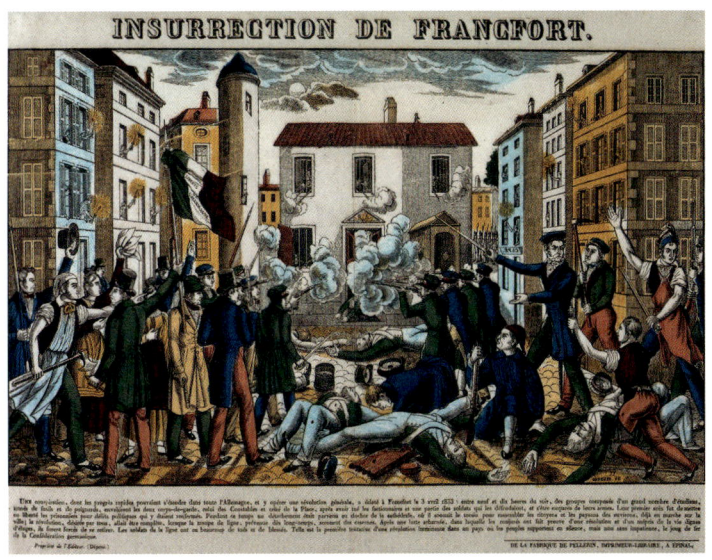

Der Sturm auf die Hauptwache, Grafik von Francois Georgin

15 Jahre nach dem Sturm auf die Hauptwache sprang erneut der Funke aus Frankreich über. Die Revolution war nicht mehr aufzuhalten. Von Südwesten aus breiteten sich die »Märzforderungen« nach Pressefreiheit, Versammlungsrecht, Volksbewaffnung und mehr rasch aus. Am 3. März 1848 versammelten sich 30.000 Demonstranten auf dem Wiesbadener Schlossplatz. In Frankfurt, an der damaligen Reitbahn, ließen etwa 2.000 Menschen nach einer

Volksversammlung dem Senat der Stadt eine Petition mit ihren Forderungen zukommen. In Darmstadt erreichten die Liberalen weitreichende politische Zugeständnisse, so dass Heinrich von Gagern dort Ministerpräsident wurde. In weiteren Städten kam es zu Volksversammlungen und handgreiflichen Auseinan-

Über dem Palais Thurn und Taxis wehte Schwarz-Rot-Gold

dersetzungen. Die Fürstenthrone gerieten ins Wanken. Selbst der Bundestag sah sich zu Zugeständnissen veranlasst, hob die Zensur auf und nahm die Farben Schwarz-Rot-Gold an.

Rund 50 oppositionelle Politiker verschiedener deutscher Staaten, darunter von Gagern sowie der radikale Demokrat Friedrich Hecker, trafen sich am 5. März in Heidelberg und bereiteten sich darauf vor, ein gesamtdeutsches Parlament einzuberufen. 574 Männer – Frauen durften weder wählen noch mitdebattieren – kamen zu diesem »Vorparlament«, das am 31. März 1848 erstmals in der Paulskirche zusammentraf, um die Wahlen für die Nationalversammlung vorzubereiten. In seiner letzten Sitzung am 3. April beschloss es die freien Wahlen zu einer konstituierenden Deutschen Nationalversammlung in Frankfurt, die daraufhin in allen Einzelstaaten des Deutschen Bundes durchgeführt wurden.

Dann war der feierliche Moment gekommen: Unter Glockengeläut und Kanonendonner zogen die 585 gewählten Vertreter am 18. Mai 1848 zu ihrer ersten Sitzung in die Paulskirche ein. Die Stadtwehr bildete das Spalier dazu. Innen war die Kirche mit schwarz-rot-goldenen Fahnen und Girlanden geschmückt, über dem Rednerpult hing das Bild der Germania. Zu ihrem ersten Präsidenten wählten die Abgeordneten Heinrich von Gagern.

Einzug des Vorparlaments im März 1848

Sie traten zusammen, um eine freiheitliche Verfassung für ganz Deutschland zu beschließen und eine nationale Regierung zu wählen. Es folgten stürmische Debatten, die in Tumulten endeten, aber auch ermüdende Reden und Kämpfe auf Nebenschauplätzen. Jeder Deutsche hatte das Recht, schriftliche Eingaben an die Nationalversammlung zu richten. Mehr als 8.000 von ihnen mussten bearbeitet werden. Das Parlament trat an sechs Tagen in der Woche morgens um 9 Uhr zur öffentlichen Sitzung zusammen, die in der Regel etwa vier Stunden dauerte. Nachmittags folgten Ausschuss-Sitzungen. Bereits nach der ersten Sitzung bildeten sich politische »Fraktionen«, die Vorläufer der heutigen Parteien. Sie richteten ihre zentralen Treffpunkte in Gasthöfen, Kaffee- und Privathäusern rund um die Paulskirche ein und trugen so die politische Aufbruchstimmung in die Stadt hinein. Im Sommer wurde am Mainufer und in der damals beliebten »Mainlust«, einem Lokal

Präsident von Gagern (li.) erteilt Robert Blum das Wort

auf einer heute nicht mehr existenten Insel zwischen Untermain- und Friedensbrücke, weiterdiskutiert.

Nach stürmischen Debatten über ein gesamtdeutsches Staatsoberhaupt einigte man sich im Parlament darauf, eine vorläufige Regierung einzusetzen und wählte Erzherzog Johann von Österreich, der wegen seiner Volksnähe auch bei Demokraten beliebt war, zum Reichsverweser. Vom Bundestag und den Einzelstaaten anerkannt, zog er am 11. Juli 1848 in Frankfurt ein. Nach rund sechs Monaten, am 20. Dezember 1848, verabschiedete man schließlich die »Grundrechte des Deutschen Volkes«. Erstmals in der deutschen Geschichte wurde damit ein einheitliches Bürgerrecht geschaffen. Die Verfassung war ein Dokument in der freiheitlichen Tradition amerikanischer und französischer Vorbilder. Sie garantierte die Gleichheit vor dem Gesetz und hob den Adelsstand auf, sie enthielt die Abschaffung der Todesstrafe und der

Strafen des Prangers, definierte die Unverletzlichkeit der Wohnung, das Briefgeheimnis, die Pressefreiheit mit der Abschaffung der Zensur, die Glaubensfreiheit, die Vereins- und Versammlungsfreiheit.

Doch sie war eine Verfassung ohne eigentliche Geltung, die Nationalversammlung eine Regierung ohne wirkliche Macht. Das zeigte sich spätestens, als Preußen unter dem massiven Druck europäischer Mächte mit Dänemark Frieden schloss – ohne Absprache mit dem Frankfurter Parlament. Ohnmächtig musste man dort am

Feierlicher Einzug Erzherzog Johanns in Frankfurt

16. September 1848 den Waffenstillstand akzeptieren. Zwei Tage später bliesen enttäuschte radikale Demokraten zum Sturm auf die Paulskirche und versuchten, diese zu besetzen. Als dies verhindert wurde, errichteten sie Barrikaden. Es begann ein blutiger Straßenkampf zwischen ihnen und den schließlich vom Parlament herbeigerufenen preußischen, österreichischen und hessischen Truppen. 80 Aufständische starben im Kugelhagel der Soldaten. Zwei Abgeordnete, die sich vor das Friedberger Tor gewagt hatten, wurden von den Revolutionären umgebracht. Der Aufstand wurde niedergeschlagen, die Stadt unter Kriegsrecht gestellt. Die Nationalversammlung hatte an Ansehen verloren.

In Wien und Berlin gewann die jeweilige Staatsführung wieder die Oberhand und schlug alle revolutionären Vorstöße nieder. In der Nationalversammlung einigte man sich nach einem

Waffenstillstand bei den Barrikadenkämpfen

Veto Österreichs darauf, die gesamtdeutsche Verfassung auf die deutschstämmigen Gebiete des Deutschen Bundes zu beschränken. Der preußische König sollte die deutsche Kaiserkrone tragen. Friedrich Wilhelm IV. empfing zwar am 3. April 1849 die Delegation aus Frankfurt, lehnte die Krone aber ab. Demonstrativ verabschiedete die Nationalversammlung einen Monat später die Durchsetzung der Reichsverfassung gegen die einzelstaatlichen Interessen. Es blieb allerdings ein deutscher Staat ohne Regenten. Die alten Fürstenmächte hatten noch einmal gesiegt und wüteten unter den »aufrührerischen Mördern und Bluthunden«, wie Friedrich Wilhelm IV. die Revolutionäre nannte. Viele, die an die Demokratie geglaubt hatten, verschwanden für Jahre hinter Gefängnismauern. In Frankfurt verließen immer mehr Abgeordnete die Nationalversammlung, weil sie nicht die Verantwortung für eine gewaltsame Durchsetzung der Verfassung tragen wollten. Längst hatten radikale Revolutionäre überall in Deutschland Aufstände angezettelt. So auch in der Region um Frankfurt, wo die Kämpfer aus dem Odenwald, Baden, der Pfalz und vielen anderen Orten schließlich bei Heppenheim endgültig geschlagen wurden. Am 30. Mai 1849 tagte das Parlament zum letzten Mal in der Paulskirche und beschloss, den Sitz nach Stuttgart zu verlegen, weil die badische Regierung die Reichsverfassung angenommen hatte. Doch das dortige Militär stürmte den Sitzungssaal und löste die verbliebene Versammlung auf. Die Uhren in Deutschland wurden zurückgestellt. Vier Wochen später trat in Frankfurt der Bundes-

Die Grundrechte des Deutschen Volkes

tag wieder zusammen, als wäre nichts geschehen. Die Reichsverfassung mit ihren Grundrechten aber blieb beispielhaft für spätere Verfassungen. Sie gehörte zu den modernsten des damaligen Europas und prägte trotz ihres Scheiterns die Weimarer Verfassung von 1919 und das Deutsche Grundgesetz 1949.

Spaziergang: Auf den Spuren der Parlamentarier und Freiheitskämpfer

Von der Paulskirche aus kann man sich mit einem Spaziergang (siehe Karte S. 14-15) durch die Innenstadt auf die Spuren der Freiheitskämpfer begeben und dabei feststellen, dass sich das Ringen um Freiheit und Einheit bei weitem nicht auf die Nationalversamm-

Der Kaisersaal im Römer um 1900

lung beschränkte. Viele Häuser und Orte in der Innenstadt waren Schauplatz politischer Diskussionen, Ausschuss- und Fraktionssitzungen, die insgesamt für eine besondere Atmosphäre gesorgt haben dürften. Wir beginnen den Rundgang mit einem kleinen Ausflug zum Römer und damit historisch mit einem Schritt zurück zum Vorparlament. Die Abgeordneten, die nicht von den Bürgern gewählt, sondern von der damaligen revolutionären Initiative einberufen worden waren, sollten zunächst im **Kaisersaal** tagen. Doch bei 574 Politikern erwies sich dieser als zu klein. Man eröffnete das Vorparlament also am 31. März 1848 unter den Augen der damals schon fast fertiggestellten Kaiser und Könige des Heiligen Römischen Reiches an den Wänden nur feierlich und zog anschließend in die gegenüberliegende Paulskirche.

Links und rechts des Eingangs der **Paulskirche** sieht man heute zwei Tafeln, die die Stadt Frankfurt anlässlich des 50. Jahrestages des ersten Deutschen Parlaments gestiftet hat. Betritt man die Paulskirche, fällt der Blick auf das monumentale **Wandbild** in der Wandelhalle mit dem Zug der Volksvertreter zur Paulskirche. Der

Künstler Johannes Grützke hat es in den Jahren 1987 bis 1991 zur Renovierung des Gebäudes fertiggestellt. Lebensgroße schwarzgekleidete Männer in einer scheinbar nie enden wollenden Schlange sind darauf zu sehen, sowohl historische Abgeordnete, als auch zeitgenössische Persönlichkeiten, Bauern, Kinder und Vieh, so dass der Betrachter quasi mit ihnen in den Innenraum einzieht. Die zugleich heroische und ironische Darstellung fängt das Pathos der damaligen Reden, aber auch das Verlieren in triviale Details ein.

Tafel, gestiftet zum 50. Jahrestag der Nationalversammlung

Verlässt man die Paulskirche wieder, sieht man links auf dem Paulsplatz das **Einheitsdenkmal** stehen. Es ist ein Obelisk, der mit der Figur Clio, der Muse der Geschichte, und einem Schild mit der goldenen Inschrift »Seid einig!« gekrönt ist. Er wurde 1903 nach den Plänen des Architekten Friedrich Maximilian Hessemer und des Bildhauers Hugo Kaufmann errichtet. Die Stadt wollte mit ihm die Erinnerung an die Vorkämpfer der deutschen Freiheit und Einheit wachhalten. Die Bronzefiguren um den Sockel wurden 1940 als »Metallspende des deutschen Volkes« eingeschmolzen.

Geht man links um die Paulskirche herum, ist dort zudem eine **Gedenkplatte** für Heinrich von Gagern, den ersten Präsidenten der Nationalversammlung, zu sehen. Sie wurde 1989 zum 40-jährigen Bestehen des Grundgesetzes, von der Deutschen Burschenschaft gestiftet und stammt von Edwin Hüller. Zwei

Das Einheitsdenkmal vor der Paulskirche

Schritte weiter erinnert eine **bronzene Tafel** desselben Künstlers an Carl Schurz, badischer Revolutionär und späterer Innenminis-

Erzherzog Johann von Österreich

ter der Vereinigten Staaten, der sich im September 1848 unter die Besucher der Paulskirche gemischt hatte. Sie wurde 1983 von der Steuben-Schurz-Gesellschaft gestiftet. In der Grünanlage steht darüber hinaus eine **Bronzebüste** des Künstlers Fred Pirker. Sie zeigt den damaligen Reichsverweser, Erzherzog Johann von Österreich, und wurde von der Stadt Graz 1982 zur Erinnerung an die Frankfurter Nationalversammlung überreicht.

Der Präsident Heute kennt man seinen Namen vor allem von Straßen oder Schulen. Sie erinnern an einen der einflussreichsten Paulskirchen-Abgeordneten. Die Familie **Heinrich von Gagerns** stammt aus Kelkheim Hornau (siehe S. 224). Er wurde in Bayreuth geboren, wuchs aber in Weilburg auf. Als 15-Jähriger zog er in den Krieg gegen Napoleon und wurde in der Schlacht bei Waterloo leicht verwundet. Anschließend studierte er Jura in Göttingen, Jena und Genf, wo er als Adeliger demokratische Strömungen kennenlernte. Im Großherzogtum Hessen schlug er eine Beamtenkarriere ein und kandidierte 1832 für den Landtag, wo er Führer der oppositionel-

len Liberalen wurde. Aufgrund der Märzrevolution von 1848 stürzte die Regierung und von Gagern wurde am 5. März zum Ministerpräsidenten ernannt. Nicht einmal drei Monate übte er das Amt aus, dann zog er in die Nationalversammlung ein, die ihn am 18. Mai 1848 zu ihrem Präsidenten wählte. Er blieb es bis Dezember, wurde anschließend zum Reichsministerpräsidenten bestellt und fungierte zugleich als Reichsinnen- und -außenminister. Als der preußische König die Deutsche Kaiserkrone ablehnte, legte er sein Mandat nieder. Nach einem kurzen Militäreinsatz im Freiheitskampf Schleswig-Holsteins 1850/51 zog er sich nach Heidelberg zurück. Ab 1863 war er noch einmal neun Jahre lang als Gesandter für Hessen-Darmstadt in Wien tätig. Er starb am 22. Mai 1880 im Alter von 80 Jahren in Darmstadt.

Deutsch-reformierte Kirche

Geht man von der Grünanlage aus Richtung Westen an der Kämmerei entlang, trifft man auf den Kornmarkt. Direkt auf der gegenüberliegenden Seite der Straße, damals Großer Kornmarkt 17, stand die **deutsch-reformierte Kirche,** die als Ausweichsort diente. Um den Delegierten in der kalten und hallenden Paulskirche angenehmere Verhältnisse zu bieten, baute man vom 4. November 1848 bis zum 9. Januar 1849 in 20 Metern Höhe eine hölzerne Zwischendecke ein. Zudem wurden eine Gasbeleuchtung und, nachdem die Abgeordneten schon im September froren, eine der ersten Zentralheizungen Deutschlands installiert. Für die Zeit des Umbaus zogen diese für insgesamt 40 Sitzungen in die nahegelegene klassizistische Saalkirche um. Dort wurden am 20. Dezember 1848 auch die »Grundrechte des Deutschen Volkes« verabschiedet. Gleich gegenüber, am Großen Kornmarkt 12, lag das Büro der Nationalversammlung.

Der Netzwerker Er zählte zu den Führern der liberalen Bewegung in Frankfurt. **Friedrich Siegmund Jucho** wurde als Sohn eines Notars 1805 in Frankfurt geboren. Er studierte in Halle, Jena und Gießen und ließ sich als Anwalt und Notar in Frankfurt nieder. Er vermittelte den Kontakt zwischen dem Drucker Carl Preller in Offenbach (siehe S. 85) und Friedrich Ludwig Wei-

dig, der dort den Hessischen Landboten drucken ließ. Jucho nahm
1832 am Hambacher Fest teil. Man
beschuldigte ihn 1834, verbotene
Schriften verteilt und Teilnehmern
des Frankfurter Wachensturms zur
Flucht verholfen zu haben. Er wurde verhaftet und für vier Jahre in Arrest gehalten. Der Prozess endete
mit einer Strafe von sechs Mona-

ten Zuchthaus, auf die seine Haft zum Teil angerechnet wurde.
Ab 1840 praktizierte er wieder als Anwalt in Frankfurt und zählte zum Hallgarten-Kreis (siehe S. 199). Er war Mitglied des Vorparlaments und wurde für die Freie Stadt Frankfurt in die Nationalversammlung gewählt. Nach deren Ende verwahrte er die
Verfassungsurkunde und das Archiv. Letzteres nahmen ihm die
städtischen Behörden 1852 mit Gewalt ab. Das Original der Verfassungsurkunde konnte er nach England in Sicherheit bringen
und später dem Archiv des Deutschen Reichstags übergeben.
Er wurde dafür vor Gericht gestellt, aber freigesprochen. Jucho
starb 1884 in Frankfurt. Nach ihm ist eine Straße im Ostend benannt.

Nach dem Überqueren der Berliner Straße geht es nach links und
die Straße entlang bis zum Großen Hirschgraben. Rechts neben
dem Goethehaus stand mit der Nummer 27 das Stadtpalais des
englischen Konsuls Robert Koch und seiner Frau Clotilde, geborene Gontard. Sie war eng mit Heinrich von Gagern befreundet und
bot einigen liberalen Politikern während des Vorparlaments eine
Unterkunft. Wenn dieses tagte, waren Frauen nicht zugelassen,
doch Clotilde Koch schmuggelte sich zur letzten Sitzung am 3. April 1848 auf die Kanzel der Paulskirche. Während der Nationalver-

sammlung durften bis zu 200 Frauen die Sitzungen von der Galerie aus verfolgen. Die Karten für die Damengalerie hinter den Bänken der Linken waren äußerst begehrt, so dass diese im Laufe der Zeit sogar ausgedehnt werden musste. Clotilde Koch ging fast täglich in die Paulskirche und führte ein »Parlamentstagebuch«. »Ich habe es in den letzten Zeiten recht schmerzlich empfunden, nur eine Frau sein zu müssen, die das Zusehen hat, und doch mit Gefühl und Tatkraft im Leben begabt ist. Wie nötig sind Gagern handelnde Freunde, und wie wenige haben die Energie, als solche aufzutreten«, schrieb sie im Juni 1848 an eine Freundin. Doch sie sah nicht nur zu. Sie empfing die Politiker um von Gagern nahezu täglich und oft bis tief in die Nacht hinein zum politischen Salon in ihrem Haus. Dort diskutierte sie mit, gab Ratschläge und erhielt

Clotilde Koch, Gemälde von Eduard von Heuß

dafür den Spitznamen »Parlamentsmutter«. Auch andere Frankfurter Häuser, wie die der Brentanos, Rothschilds, Bethmanns und Varrentrapps, dienten als Begegnungsstätte für politisch Interessierte. Clotilde Kochs älteste Schwester Marianne Lutteroth führte einen politischen Salon in ihrem Haus am Roßmarkt 12.

Dorthin führt auch der weitere Rundgang. Zuvor gibt es einen Halt auf der gegenüberliegenden Straßenseite, dem Roßmarkt 15, wo sich das Café Milani befand. Die Abgeordneten benannten ihre Fraktionen, die Vorläufer heutiger Parteien, nicht nach ihrer politischen Ausrichtung, sondern nach dem Ort, an dem sie sich trafen. Im Café Milani, das es heute nicht mehr gibt, traf sich die konservative Rechte, die zuvor im Steinernen Haus am Römer residiert hatte. Ihrer Ansicht nach sollte sich die Nationalversammlung auf die Erarbeitung einer Verfassung beschränken. Zu ihren Vertretern, die vorwiegend aus Österreich, Preußen und Bayern kamen, zählten unter anderem Hans von Auerswald und Felix Fürst von Lichnowsky, die bei den Septemberunruhen ermordet wurden. Die Abgeordneten erreichten in Frankfurt zum Teil politische Prominenz. So belagerten zeitweise »Autogrammjäger« und Verehrer das Café, um ihre »Idole« zu sehen. Schräg gegenüber, am Roßmarkt 10, hatte das rechte Zentrum seinen Sitz im **Casino**. Zur liberalen Mitte, der größten und einflussreichsten Gruppe der Abgeordneten zählend, setzte es sich für eine starke Zentralgewalt ein und stand der Volkssouveränität skeptisch gegenüber. Ihm gehörte unter anderem Jacob Grimm (siehe S. 114) an. Viele Abgeordnete wechselten im Verlauf der Parlamentssitzungen die Fraktion.

Der Roßmarkt in Frankfurt a/m.

Das Casino, zweites Haus auf der linken Seite

Frankfurter Hauptwache

Vom Roßmarkt geht es weiter zur **Hauptwache** und zeitlich zurück in das Jahr 1833. Damals formierte sich an vielen Orten Hessens der Widerstand gegen die Fürsten. Unter der Leitung des Gießeners Paul Follen und des Butzbacher Rektors Friedrich Ludwig Weidig (siehe S. 71) bildete sich eine demokratisch und national ausgerichtete Bewegung, die den revolutionären Umsturz in möglichst vielen Fürstentümern vorbereitete. Auftakt dafür sollte der Frankfurter Wachensturm sein. Eine kleine Gruppe an Revolutionären stürmte am 3. April 1833 die Hauptwache, das verhasste Symbol des autoritären Obrigkeitsstaates, in dem unter anderem politische Gefangene festgehalten wurden, und schließlich die Konstablerwache. Sie hoffte, dass sich ihnen die Massen anschließen würden. Die knapp 40 Männer konnten die Wachen besetzen und sogar Gefangene befreien. Doch die Frankfurter zeigten wenig Interesse an einem Aufstand. Auch außerhalb verpuffte der Zündfunke. Abends um halb zehn rückten drei Trupps Soldaten auf die beiden Wachen vor. Nach einer Stunde war alles vorbei. Wer nicht fliehen konnte, wurde verhaftet. Mutmaßliche Drahtzieher wie Weidig wurden verhört und ebenfalls gefangen genommen.

Von der Hauptwache aus geht es nach Westen, durch den Steinweg weiter Richtung Große Bockenheimer Straße, bei den Frankfurtern heute besser bekannt als Freßgass. Ein kleiner Ausläufer davon verläuft vom Rathenauplatz aus über einen schmalen Durchgang, der zwischen den Geschäftshäusern hindurchführt. Die Hausnummer 9 ist auf der linken Seite. Wo heute teure Uhren im Schaufenster liegen, wurden im 19. Jahrhundert im **Deutschen Hof** Gäste empfangen. Er war 1848 das Versammlungslokal

Große Bockenheimer Straße 9

der Fraktion der Linken, die eine demokratische Republik mit einem allgemeinen, gleichen und direkten Wahlrecht erreichen wollten. Zu ihren berühmtesten Vertretern zählten Robert Blum (siehe S. 202), Johann Adam von Itzstein (siehe S. 200) und der Gießener Naturwissenschaftler Carl Vogt. Als die Nationalversammlung ab Mai 1849 viele ihrer Mitglie-

»Man wirft den jungen Leuten den Gebrauch der Gewalt vor. Sind wir denn aber nicht in einem ewigen Gewaltzustand? Weil wir im Kerker geboren und großgezogen sind, merken wir nicht mehr, dass wir im Loch stecken mit angeschmiedeten Händen und Füßen und einem Knebel im Munde«,

schrieb Georg Büchner nach dem Wachensturm

Große Bockenheimer
Straße 31

Palais Thurn und Taxis

der durch Austritte verlor, bildete sie die vorherrschende politische Strömung. Ihre Abgeordneten nahmen zum größten Teil auch am Rumpfparlament in Stuttgart teil.

Geht man die **Große Bockenheimer Straße** weiter Richtung Westen, trifft man etwa gegenüber der Kaiserhofstraße auf das Haus Nummer 29. Sie ist heute ein modernes Geschäftshaus, doch das noch erhaltene Nachbargebäude, die Nummer 31, gibt einen schönen Eindruck davon, wie die schmalen Häuser damals aussahen. In der 29 wohnte der Parlamentspräsident **Heinrich von Gagern** eine Zeit lang, während er in Frankfurt lebte. Anfangs hatte er wenige Meter weiter in der Hochstraße 53, dem Eckhaus zur Freßgass, gewohnt. Nach seiner Zeit in der Großen Bockenheimer zog er noch in die Taunusanlage 15 und zuletzt war er Am Salzhaus 4, in der direkten Nachbarschaft von Clotilde Koch, gemeldet.

Der Rundgang geht nun zurück zur Hauptwache. Das

Die Zeil um 1848 nach einem Panorama von Carl Georg Enslen

nördlich davon in der Großen Eschenheimer Straße liegende **Palais Thurn und Taxis**, 1739 erbaut, war zunächst Sitz der Hauptverwaltung der Kaiserlichen Reichspost. Als Frankfurt 1816 wieder zur Freien Stadt wurde, tagte hier der Bundestag des Deutschen Bundes. Ab dem 5. November versammelten sich dort einmal wöchentlich die Gesandten der dem Bund angehörenden Regierungen. Den Vorsitz hatte der österreichische Abgeordnete. Ohne die Zustimmung der beiden großen Mächte Österreich und Preußen ging dort gar nichts, die beide kein großes Interesse an einem deutschen Nationalstaat hatten. Das im Zweiten Weltkrieg schwer beschädigte und in der Nachkriegszeit abgerissene Gebäude wurde 2004 bis 2009 in verkürzter Form rekonstruiert.

Zurück zur Hauptwache führt der Weg weiter die **Zeil** entlang, die in der ersten Hälfte des 19. Jahrhunderts zu einer der prachtvollsten Straßen der Stadt zählte. Davon ließen sich revolutionä-

Barrikadenkämpfe an der Breite Gasse

re Frankfurter Arbeiter, Bauern und Handwerker allerdings nicht blenden. Für kurze Zeit rückte die Zeil im September 1848 ins Zentrum des Weltgeschehens, als diese dort **Barrikaden** errichteten, weil sie von der Arbeit der Nationalversammlung enttäuscht waren. Je länger die Debatten in der Paulskirche dauerten, je zäher sie wurden, umso mehr schwand die schwarz-rot-goldene Begeisterung der Frankfurter. Eine Opposition radikaler Demokraten und Sozialisten außerhalb des Parlaments gewann zunehmend Einfluss in den weniger privilegierten Bevölkerungsschichten. Als die Nationalversammlung dem von Preußen mit Dänemark ausgehandelten Waffenstillstand von Malmö zugestimmt hatte, entlud sich der Unmut. Preußen hatte im Alleingang gehandelt und die national-deutschen Interessen ausgeklammert. Die so augenscheinlich werdende Machtlosigkeit der Nationalversammlung ließ die Republikaner am 17. September zu einer Volksversammlung auf der Pfingstweide aufrufen. Es sollen an die 10.000 Menschen gekommen sein, die beschlossen, dass die Linke aus der Nationalversammlung austreten solle. Als die Mehrheit der Linken dies am Abend wieder verwarf, fühlten besonders die Frankfurter Arbeiter, Bauern und Handwerker sich und ihre demokratischen Ideale verraten. Es kam zu Aufständen, zu Tumulten vor der Tür der Paulskirche. Sie errichteten Barrikaden auf der Zeil, zwischen Hauptwache und Konstablerwache, am Mainkai und auf dem Römerberg. Es kam zu blutigen Kämpfen zwischen Aufständischen und Reichstruppen.

An der **Konstablerwache** angekommen, die bereits beim Wachensturm im April 1833 für kurze Zeit besetzt wurde, kann man den Weg die östliche Zeil entlang fortsetzen bis zur Pfingstweid-

Aufständische ermorden zwei Abgeordnete

straße, die noch heute an die **Pfingstweide** erinnert. Sie war ein Areal, auf dem sich die Opposition regelmäßig versammelte und das später unter anderem als Exerzierplatz diente. Am 17. September 1848 war sie Schauplatz der besagten Volksversammlung, die in blutige Straßenkämpfe mündete. Noch heute ist die Brache zu erahnen, denn 1873 verpachtete die Stadt den Platz an die Zoologische Gesellschaft, die dort den Zoo eröffnete.

Durch die Grünanlage des heutigen Anlagenringes geht es westwärts bis zum **Friedberger Tor,** dem Platz am Beginn der Friedberger Landstraße und damit geschichtlich einen Tag weiter und zur endgültigen Eskalation der Septemberunruhen. Die historischen Anlagen der Stadtbefestigung, die bereits im 14. Jahrhundert ungefähr am heutigen Standort des Hessendenkmals ein Tor in der Stadtmauer aufwiesen, gab es 1848 nicht mehr. An ihrer Stelle hatte der Stadtgärtner Sebastian Rinz einen englischen Landschaftsgarten geschaffen, den heutigen **Anlagenring**. Rechts und links der Straße wurden 1808 zwei klassizistische Torbauten errichtet, die als Wachlokale und Zollstationen dienten. Die schmiedeeisernen Gitter wurden abends verschlossen. Am 18. September 1848 wollten sich zwei Abgeordnete der Casino-Fraktion die Situation am Tor anschauen: Felix Fürst von Lichnowsky, der die entscheidende Rede in der Paulskirche zur Annahme des Waffenstillstands gehalten hatte, und General Hans von Auerswald. Sie wurden von Aufständischen angegriffen und bei ihrer Flucht tödlich verwundet. Bei den Kämpfen fielen rund 30 Aufständische und 12 Soldaten. Die ausgerechnet von der Nationalversammlung zu Hilfe gerufenen Regierungstruppen gewannen die Oberhand und nahmen viele Verhaftungen vor. Das Parlament hatte damit seine Glaubwürdigkeit verloren und fand zu keiner Zusammenarbeit mehr zwischen dem bürgerlich-liberalen und dem radikaldemokratischen Lager zurück.

Die Furie Henriette Zobel, die damals 35-jährige Ehefrau eines Bornheimer Lithographen, wurde am 24. September 1848 als eine der Rädelsführerinnen des mörderischen Komplotts gegen von Auerswald und von Lichnowsky verhaftet. Wie eine Augenzeugin berichtete, hatte sie mit ihrem schwarzen Regenschirm mehrfach auf den Kopf des Fürsten eingeschlagen. Die zeitgenössische Presse bezeichnete sie daher als »Furie«, die Gerichtsakten als »Megäre«, also als »Rachegöttin« oder »rasendes Weib«. Tatsächlich

war sie eine von vielen Frauen jener Zeit, die begannen, aus der ihnen zugedachten häuslichen Rolle auszubrechen, um Anteil am politischen Geschehen zu nehmen. Zobel hatte zuvor regelmäßig die Debatten in der Paulskirche verfolgt und war zu Treffen der demokratischen Bewegung auf die Pfingstweide gekommen. Sie verbrachte nach ihrer Gefangennahme sieben Jahre unter unzumutbaren Bedingungen in Untersuchungshaft, bis der Prozess abgeschlossen war. Das Gericht verurteilte sie zu 16 Jahren Zuchthaus. Ende Januar 1865 wurde sie nach wiederholten Gnadengesuchen aufgrund ihres schlechten Gesundheitszustandes aus der Haft entlassen. Der Schirm, der als Corpus delicti zu den Gerichtsakten genommen wurde, ist bis heute im Historischen Museum erhalten.

Abstecher 1: Neun Jahre nach dem Aufstand ließ der damalige preußische Kronprinz und spätere Kaiser Wilhelm I. auf dem **Hauptfriedhof** ein Denkmal für die beiden getöteten preußischen Abgeordneten sowie für die gefallenen Soldaten errichten. Auf der Stele sind Bildreliefs des Generals von Auerswald und des Fürsten von Lichnowsky zu sehen, darunter die Namen der Soldaten. Seit 1873

Denkmal auf dem
Hauptfriedhof

Württemberger Hof

erinnert ein weiterer Sandstein-
obelisk an die rund 30 Gefallenen »aus dem Volke«. Beide stehen heute in einer Blickachse in
Gewann E des Hauptfriedhofes.

Abstecher 2: Am Himmel-
fahrtstag zog man traditionell
zum Frühlingsausflug zur Mainkur, etwas außerhalb der Stadt,
die damals zum Kurfürstentum Hessen gehörte. So auch
am 31. Mai 1832, parallel zum
Hambacher Fest. Die Frankfurter gingen diesmal allerdings
weiter nach Bergen, wo eines der ersten demokratischen
Volksfeste mit einigen Tau-
send Besuchern stattfand. Die
Menschen kamen aus der Umgebung und mit dem Markt-
schiff sogar aus Hanau dorthin.
Einer der Redner, der Frankfurter Johann Wilhelm Sauerwein,
traf die Stimmung offenbar genau. »Sie drang so zum Herzen,
dass manchem ernsten Man-
ne Thränen in die Augen traten«, berichtete die Hanauer
Zeitung. Man feierte bis abends
um 7 Uhr und zog dann zurück
zur Mainkur.

Nürnberger Hof

Von der Konstablerwache aus geht man die Kurt-Schumacher-
Straße entlang, durch die Dominikanergasse und weiter zur Fahrgasse. Gleich gegenüber, auf der Höhe des Hauses Nummer 27,
stand bis zum Jahr 1937 der **Württemberger Hof,** einer der bedeutendsten Altstadt-Gasthöfe Frankfurts. Ab Juni 1848 tagten dort
die Mitglieder der Fraktion des linken Zentrums und benannten
sich nach ihrem Versammlungsort. Sie setzten sich dafür ein, auf
Bundesebene und in den Einzelstaaten eine monarchische Ordnung zu etablieren bzw. beizubehalten, die allerdings demokratisch fundiert sein sollte. Der barocke Löwenbrunnen von 1781 vor
dem Haus und das Sandsteinrelief aus der Zeit um 1750, ein ehemaliges Wirtshausschild, erinnern noch heute an den Ort.

Eine weitere historische Hofanlage, die namensgebend für eine
Fraktion wurde, war der **Nürnberger Hof.** Von der Fahrgasse aus
geht es dazu zurück zur Braubachstraße und diese am Museum

Steinernes Haus

für Moderne Kunst entlang bis zum Ende der neuen Altstadt. Dort ist auf der rechten Seite die heute gelb gefasste Südfassade des Nürnberger Hofes zu sehen, der im Mittelalter Sitz und Messequartier der Nürnberger Kaufleute war. Er war der größte seiner Art in Frankfurt und ist als einziger in Fragmenten erhalten geblieben. Auch Albrecht Dürer soll hier bei einem Aufenthalt in Frankfurt gewohnt haben. 1848 gab er der Fraktion der gemäßigten Republikaner ihren Namen.

Zum Abschluss führt der Rundgang einige Meter die Braubachstraße zurück, vor dem Zollamt rechts durch die Straße Rebstockhof, in die neue Altstadt. Dort gelangt man zum wieder aufgebauten historischen Patrizierhof **Rebstock am Markt**, Geburtshaus von Friedrich Stoltze, in dem dessen Vater im Vormärz das Lokal Zum Rebstock, Treffpunkt Frankfurter Liberaler, führte. Dann geht es am Ende rechts einige Schritte Richtung Römerberg bis zum **Steinernen Haus**, dem Sitz der Fraktion der konservativen Rechten in der Nationalversammlung, bis diese ins Café Milani umzogen. Hier wurde außerdem der Autor und Journalist Johann Wilhelm Sauerwein geboren, der vor allem für seine lokalhumoristischen Texte in Frankfurt bekannt war.

Dichter und Spötter 1803 als Sohn eines Schneidermeisters im Steinernen Haus geboren, studierte **Johann Wilhelm Sauerwein** Theologie in Heidelberg. Zurück in Frankfurt widmete er sich lieber der Schriftstellerei. Er machte es sich zum Ziel, mit seinen Texten vor allem untere Schichten über soziale und politische Zustände zu informieren und auf diese Weise zur Revolution zu animieren, ohne direkt dazu aufzurufen. Nach dem Frankfurter Wachensturm dichtete er das »Lizius-Lied«: Der Revolutionär Carl Bernhard Lizius war deshalb verhaftet und in die Konstablerwache auf der Zeil gesperrt worden. Doch es war ihm gelungen, eine Feile und ein Seil in die Zelle zu schmuggeln, so dass er das Eisengitter vor seinem Zellenfenster öffnen und sich mit dem Seil auf die Straße herablassen konnte. Bald sang die ganze Stadt das Lied mit dem Text von Sauerwein, das so begann und einen der Wachmänner, Jakob Philipp Schnitzspahn, verhöhnte:

Jetzt, Schnitzspahn, streck die Beine aus!
Die Fall' ist leer, fort ist die Maus.
Oh Polizei, wie viel Verdruß.
Macht dir der Studio Lizius ...

Als Sauerwein wegen anderer Texte steckbrieflich gesucht wurde, floh er in die Schweiz, wo er unter anderem auf Lizius traf. Im französischen Lyon wurde er Professor für Deutsche und Englische Sprache und begegnete Friedrich Stoltze wieder, der sich dort zum Kaufmann ausbilden ließ. Sauerwein kehrte schwer krank nach Frankfurt zurück, wo er 1847 starb.

Route 2
In die Wetterau

Route 2
In die Wetterau

L ange Zeit war die Wetterau territorial zersplittert in zahlreiche Besitztümer von Grafen oder Reichsrittern. Erst 1806, als weite Teile von ihr an das Großherzogtum Hessen-Darmstadt fielen, unterstand sie einer einheitlichen Verwaltung. Notwendige wirtschaftliche und soziale Reformen wurden jedoch jahrzehntelang verschleppt, so dass die Ideen des Vormärz bei der Bevölkerung auf offene Ohren stießen. Die Wetterau zählt zu den Regionen Deutschlands, deren Revolutionäre den Weg zum Paulskirchenparlament ebneten. Dabei spielten einzelne Personen wie Friedrich Ludwig Weidig (siehe S. 71) oder Heinrich Christian Flick (siehe S. 52) und ihr jeweiliges Netzwerk eine größere Rolle als die Orte selbst.

Karben-Petterweil

Politischer Pfarrer

In der Alten Haingasse in Petterweil, heute ein Ortsteil von Karben, steht ein zweigeschossiges Gebäude mit hell verputzten Wänden und grünen Fensterläden. So unauffällig es heute aussieht, so wichtig war das **Pfarrer-Flick-Haus** für die Freiheitskämpfer der Wetterau. In dem Mitte des 18. Jahrhunderts erbauten evangelischen Pfarrhaus der Martinskirche lebte von 1812 an der lutherische Geistliche Heinrich Christian Flick. Durch ihn zählte die Gemeinde zu den wichtigsten Anlaufstellen der Widerständler des Vormärz. Im Pfarrhaus trafen sich ab 1832 die politischen Freiheitskämpfer, auch Friedrich Ludwig Weidig (siehe S. 71) und Theodor Trapp (siehe S. 56). Das von Flick gedichtete Lied »Hört ihr Brüder, wir sind deutsch« avancierte zum Kampflied der Bauern und zu einer Art Erkennungsmelodie der Demokraten in der Region. Als die konspirativen Treffen im Pfarrhaus aufgrund polizeilicher Nachforschungen nicht mehr sicher waren, wurden sie nach Friedberg, in die Apotheke von Theodor Trapp verlegt. Dort waren auch Mitverschwörer des Frankfurter Wachensturms 1833 (siehe S. 21) anwesend, an dem sich Flick aber nicht beteiligte. Dennoch wurde er am 23. April 1835 als Verdächtiger verhaftet. Im Hühnerstall des Pfarrhauses fand die Polizei Manuskripte des Hessischen Landboten und weitere Schriften, so dass er ins Gefängnis kam. Nach fast vierjähriger Untersuchungshaft in Friedberg, Gießen und Darmstadt wurde er am 8. Dezember 1838, unter anderem wegen Kenntnis und Vorbereitung hochverräterischer Unternehmen, zu acht Jahren Zuchthaus verurteilt. Im Zuge einer Amnestie begnadigte man ihn im Januar 1839, er durfte allerdings nicht mehr als Pfarrer arbeiten. So wurde Flick Landwirt. Für eine Auswanderung, die viele verfolgte Revolutionäre damals erwogen, fühlte er sich zu alt und materiell nicht in der Lage. 1848 überlegte Flick, für die Nationalversammlung zu kandidieren, wurde aber durch eine politische Intrige gezwungen zu verzichten. Man warf ihm dabei vor, wegen seiner Geständnisse in der Haft – die vermutlich unter Folter entstanden – mitschuldig am Tod Weidigs zu sein. Bis zu seinem Lebensende lebte er in bescheidenen Verhältnissen. Sein Haus brachte er 1866 in eine von ihm gegründete Armen- und Krankenstiftung ein, seiner Zeit die einzige organisierte Fürsorge in Petterweil. Heute wird sein mittlerweile denkmalgeschütztes Haus als Zentrum der evangelischen Kirchengemeinde genutzt. Vor dem Haus steht der Grabstein der Familie Flick. Nachdem das Grab vom alten auf den neuen Friedhof umgebettet und schließlich aufgelöst wurde, stellte die Kirchengemeinde den Stein 2013 dort auf.

➡ *Pfarrer-Flick-Haus, Alte Haingasse 42, Karben, nicht zu besichtigen, Grabstein vor dem Haus*

Pfarrer und Revolutionär Wie viele der bedeutenden hessischen Revolutionäre dieser Zeit studierte auch **Heinrich Christian Flick** in Gießen. Der 1790 in Petterweil geborene Pfarrerssohn besuchte dort die Theologische Fakultät. 1812 übernahm er die

Pfarrstelle der lutherischen Martinsgemeinde von seinem Vater. Die Ideen des Liberalismus ließen ihn aber nicht los. Aus der Freundschaft mit seinem früheren Studienkollegen, dem Butzbacher Pfarrer Friedrich Ludwig Weidig, wurde eine politische Partnerschaft. Flick half bei der Organisation von Festen und bei der Verteilung von Texten Büchners und Weidigs. Er veröffentlichte selbst Reden, Liedtexte und Gedichte zur Einheit Deutschlands. Wie viele seiner Mitstreiter wurde er von der Geheimpolizei verfolgt und eingesperrt. Nach vier Jahren Haft wurde er 1839 begnadigt, erhielt aber Berufsverbot. Dank der Petterweiler Pfarrgemeinde durfte er von 1849 bis 1854 wieder provisorisch den Pfarrdienst übernehmen, bis die Kirche ihn endgültig entließ. Auch politisch wurde er nie gänzlich rehabilitiert. Er starb mit nicht ganz 79 Jahren am 19. März 1869. Begraben wurde er neben seiner Frau, die 21-jährig im Kindbett gestorben war, und seiner Tochter auf dem Friedhof in Petterweil. Die Pfarrer-Flick-Straße erinnert heute an ihn.

Blum-Rede

Eine große Öffentlichkeit erzielte Flick mit der Einladung des populären Paulskirchen-Abgeordneten **Robert Blum** auf die Petterweiler **Bauchwiese**. Dieser hielt dort am 9. Juli 1848 eine seiner letzten Reden vor seiner Hinrichtung in Wien. Blum war schon zu Lebzeiten eine der markantesten Gestalten des Paulskirchenparlaments und ist durch sein tragisches Ende bis heute eine Ikone der Freiheitsbewegung (siehe S. 202). Genau ein Jahr nach seiner Erschießung wurde auf Initiative von Pfarrer Flick mit einer Trauerfeier an der Wiese ein Gedenkstein für Blum enthüllt. Noch heute steht ein etwa eineinhalb Meter hoher Steinobelisk in einer kleinen Anlage am

Gedenkstein für Robert Blum

Rande des Neubaugebietes, mit der die Petterweiler Blums Andenken bewahren. Auf Befehl der Regierung von Hessen-Darmstadt sollte das Denkmal 1852 entfernt und vernichtet werden. In einer Nacht-und-Nebel-Aktion sollen Pfarrer Flick, der damalige Petterweiler Bürgermeister und diverse Bürger den Stein an einem geheimen Ort vergraben haben. 43 Jahre später, am 10. November 1895, durfte er wieder aufgestellt werden. Auch eine Robert-Blum-Straße erinnert heute an den Politiker.

Blums Rede war nicht nur für die Petterweiler von Bedeutung, denn das Paulskirchenparlament, in dem er Abgeordneter war, steckte zu der Zeit in einer Krise. Blum und seine Kollegen suchten daher Möglichkeiten, bei öffentlichen Versammlungen zu sprechen, um den Druck auf die autoritären Regierungen zu erhöhen. Mit Flugzetteln, Anschlägen und per Mundpropaganda wurde für die Petterweiler Veranstaltung geworben. An dem Tag war der ganze Ort in Schwarz-Rot-Gold geflaggt, Blum und weitere Redner reisten in vier Kutschen an und fuhren durch ein Willkommensspalier der Einwohner. Zunächst gab es für die Redner ein Mittagessen im **Gasthof Zur Rose**. Von dort zog man, angeführt von der Bürgerwehr und einem Chor, unter dem Läuten der Kirchenglocken zur Bauchwiese, auf der Volksfeststimmung herrschte. In den Zelten gab es Gesang, Musik und Vorträge

> **»Ich sterbe für die Deutsche Freiheit, für die ich gekämpft. Möge das Vaterland meiner eingedenk sein.«**
>
> *Blums letzte Worte kurz vor seiner Hinrichtung stehen auf der Rückseite des Gedenksteins.*

bis in den Abend. Pfarrer Flick übernahm die offizielle Begrüßung. Der brillante Redner Blum schilderte die Krise des Frankfurter Parlaments und mahnte die Anwesenden, in ihrem Kampf für die Revolution nicht nachzulassen. »Blums Worte, gesprochen in dem ihm eigenen, kaltblütig gemessenen, aber gewichtigen Tone, der nur dazu bestimmt schien, an den Verstand zu appellieren, gleich wohl aber die Nerven spannt und erschüttert« habe einen gewaltigen Eindruck auf die Anwesenden gemacht, schrieb ein Journalist später.

➔ *Bauchwiese, Denkmal, Walter-Rohmeis-Straße*
➔ *Gasthof Zur Rose, heute »La Rosa«, Alte Heerstraße 7*

Friedberg

Gefangen in der Burg

Heute ist die Burg nach wie vor das markanteste Gebäude Friedbergs. Dabei gehörte sie lange Zeit gar nicht zur Stadt. Als direkt dem Kaiser unterstehende **Reichsburg** wurde das mit rund vier Hektar Fläche zu den größten Burganlagen Deutschlands zählende Areal in dessen Auftrag von einem ernannten Burghauptmann befehligt.

Erst im Zuge des Wiener Kongresses verlor die Burg ihren Sonderstatus und wurde 1806 in das Großherzogtum Hessen-Darmstadt eingegliedert. Im Langen Bau im Nordteil der Burg, einem ehemaligen Burgmannenhaus der Adelsfamilie Riedesel von Bellersheim, wurden im Vormärz kurzfristig inhaftierte Revolutionäre untergebracht. Heute beherbergt die Anlage verschiedene öffentliche Einrichtungen wie das Finanzamt und das Burggymnasium.

➡ *Burg Friedberg, frei zugänglich, der Adolfsturm kann von Anfang April bis Ende Oktober samstags und sonntags von 14 bis 18 Uhr bestiegen werden*

➡ *Gefängnis im Langen Bau in der Burg, heute Burg Nr. 33*

Treffpunkt der Freiheitskämpfer

Im Vormärz wurde Friedberg zu einem der zentralen Anlaufpunkte für die Wetterauer Revolutionäre. Zu verdanken war das dem Apotheker Theodor Trapp. Einige der wichtigsten Orte rund um die Revolution sind bis heute im Stadtbild auszumachen. Etwa die

Burg Friedberg mit Adolfsturm

Die Mohren-Apotheke im Eckhaus um 1900

Mohren-Apotheke von Trapp, damals im Eckhaus »zum großen Landeck« ansässig. In dem Haus, das heute noch mit seinem Erker und dem schmalen Nachbarhaus gut erkennbar ist, fanden einige konspirative Treffen der oberhessischen Freiheitskämpfer statt. Der Apotheker nahm zudem dort im Winter 1831/32 rund 50 fliehende Polen aus dem Warschauer Aufstand vorübergehend auf, dessen Scheitern den Unabhängigkeitskampf des Landes vom Russischen Kaiserreich beendete. Unter ihnen war Alexander Lubanski, der zeitweise auch im **Gasthaus Zu den drei Schwertern** wohnte und 1833 beim Frankfurter Wachensturm (siehe S. 21) die Konstablerwache mit stürmten. Das Gasthaus, das früher in der Kaiserstraße 89 stand, ist nicht mehr erhalten. Die Figur an der Fassade, ein Soldat mit drei Schwertern, befindet sich seit dem Jahr 2000 im Archiv des **Wetterau-Museums**.

➲ *Frühere Mohren-Apotheke, Kaiserstraße 40, Ecke Apothekergasse, heute befindet sich die Mohren-Apotheke in der Kaiserstraße 104*

Der revolutionäre Apotheker Johann Theodor Trapp wurde am 18. April 1792 in Friedberg geboren. Von seinem Vater, einem bürgerlich Konservativen, erbte er die Apotheke und absolvierte eine Apothekerausbildung im pfälzischen Zweibrücken, das bis 1814 zu Frankreich gehörte. Den Kreis um Weidig und

Flick lernte er wohl über seinen Bruder Wilhelm, einen liberalen Hofgerichtsadvokaten in Friedberg, kennen. Dieser hatte in
Gießen studiert und der von Weidig mitbegründeten Burschenschaft »Germania« angehört. Im Mai 1832 reiste Trapp zum
Hambacher Fest. Vermutlich fuhr er im Juni mit Weidig zusammen auch zum Demokratentreffen nach Wilhelmsbad (siehe S.
98). Weil er einer der Protagonisten des oberhessischen Freiheitskampfes war, wurde er mehrfach verhaftet. Er starb erblin-
det am 30. Januar 1838 mit 45 Jahren an den Folgen seiner lang-
jährigen Kerkerhaft – nach wie vor als Untersuchungshäftling
ohne Verhandlung und Urteil. Theodor Trapp war lange in Vergessenheit geraten, wohl auch, weil seine Verwandten alle seine
Unterlagen aus Angst vor Verfolgung durch die Behörden verbrannt hatten. Es gibt kein Porträt von ihm. Die Trapp-Straße in
Friedberg ist nicht nach ihm, sondern nach seinem Neffen Carl,
einem Unternehmer und Kommunalpolitiker benannt.

Gegen den Wachensturm

Im Netzwerk von Friedrich Ludwig Weidig (siehe S. 71) spielte Trapp
eine bedeutende Rolle. Nicht nur, weil sich bei ihm die Drahtzieher des Frankfurter Wachensturms treffen konnten, die damit einen gesamtdeutschen Aufstand gegen die Fürstenherrschaft auslösen wollten. Im März 1833 reiste Trapp, weil Weidig schon zu stark
von der Polizei überwacht wurde, nach Frankfurt, Darmstadt und
Heidelberg, um sich über die Vorbereitungen für den Aufstand unter anderem beim Württemberger Militär zu informieren. Doch es
zeigte sich, dass die Unterstützung aus Süddeutschland weit weniger groß sein könnte, als erwartet. Weidig und Trapp, die Geheimpolizei im Nacken, kamen zu dem Schluss, dass die Zeit noch nicht
reif sei für eine allgemeine Revolution. Es gelang ihnen allerdings
nicht mehr, die Pläne zu stoppen und damit ihr Scheitern zu verhindern. Alles, was sie noch tun konnten, war, mehreren Beteilig-

ten zur Flucht zu verhelfen. Gleichzeitig gerieten sie selbst ins Visier der Polizei. Am 20. Juli 1833 wurde die Mohren-Apotheke samt Haus ergebnislos durchsucht. Trapp wurde nach Gießen in Untersuchungshaft gebracht. Weil man ihm nichts nachweisen konnte, wurde er sieben Wochen später wieder freigelassen. Seine Mitstreiter empfingen ihn triumphal, mit einer mit Zweigen und Tannengrün geschmückten hölzernen **Ehrenpforte** vor Friedberg, Salven, einer Menschenmenge vor der Apotheke und einem abendlichen Ball.

In Haft

Ende Januar 1834 wurde Trapp erneut verhaftet und für neun Monate in der Friedberger **Klosterkaserne** inhaftiert. Das Gebäude existiert noch heute und beherbergt verschiedene soziale Einrichtungen. Die ehemalige Faktorei des Klosters Arnsburg wurde zur damaligen Zeit als Kaserne des Großherzogtums Hessen-Darmstadt genutzt. Im 3. Stock richtete man insgesamt 16 Gefängniszellen ein. Dorthin hatte man auch die politischen Häftlinge aus Gießen verlegt, etwa Karl Minnigerode, Sohn des obersten großherzoglichen Richters in Darmstadt und Freund von Georg Büchner, der beim Verteilen des Hessischen Landboten in Gießen erwischt worden war. Friedrich Ludwig Weidig und ein paar Mitstreiter bestachen zwei Wachen, um diesen zu befreien, doch er war für die Flucht zu geschwächt. Er wurde nach Darmstadt verlegt, aus gesundheitlichen Gründen aus der Haft entlassen und schließlich nach Amerika abgeschoben. Auch Weidig selbst war 1835 hier kurz eingesperrt, bevor er nach Darmstadt überstellt wurde. Aufgrund der schlechten Bedingungen in der Haft erkrankte auch Trapp. Seine Freunde und sein Bruder Wilhelm setzten sich für seine Freilassung ein. Ende September kam er gegen Kaution auf freien Fuß, durfte aber Friedberg nicht verlassen. Doch Trapp ließ sich weiterhin nicht einschüchtern. Er beteiligte sich

Ehemalige Klosterkaserne

an der Verteilung der zweiten Auflage des Hessischen Landboten. Im Rahmen einer Verhaftungswelle wurden Weidig im April und Trapp im Juni 1835 erneut gefangen genommen und ins Provinzialgefängnis nach Darmstadt gebracht (siehe S. 154). Auch die übrigen in Friedberg Inhaftierten wurden zwischen dem 10. und 12. Juni in das gerade fertiggestellte Arresthaus verlegt. Wie Weidig wurde Trapp im Auftrag des Leiters der Untersuchungskommission des Hofgerichts der Provinz Oberhessen, Jakob Georgi, monatelang gefoltert und schikaniert. Im Oktober reichten seine Kräfte für einen weiteren Widerstand nicht mehr aus und er legte ein Geständnis ab. Obwohl Trapps Gesundheitszustand sich zusehends verschlechterte und er langsam erblindete, man ihm aber keine ernsthaften Vergehen nachweisen konnte, blieben alle Versuche, seine Freilassung zu erreichen, vergeblich. Er starb im Darmstädter Gefängnis.

➔ *Die Klosterkaserne, Kleine Klostergasse 16*

Friedbergs Turner

Das jämmerliche Sterben der Freiheitskämpfer Weidig und Trapp wirkte offenbar nur wenig einschüchternd auf die Friedberger. Vom Feldberg-Turnfest 1844 (siehe S. 226) und dem Besuch politisch sehr aktiver Turner aus Hanau und Offenbach inspiriert, riefen neun junge Friedberger am 22. Juni 1845 dazu auf, eine eigene **Turngemeinde** zu gründen. Nur zwei Tage später wurde der Turnbetrieb aufgenommen. Der erste Sportplatz entstand an der **Gauterinschen Hofreite** in der damaligen Usa-Vorstadt, an die heute noch der gleichlautende Straßenname erinnert. Die Vereinsgründung wurde am 14. September 1845 mit Turnern aus Hanau, Offenbach und Frankfurt gefeiert. Der Verein galt, weil viele Mitglieder Anhänger der nationalen Bewegung waren, sehr schnell als Träger freiheitlichen Geistes und als erster politischer Verein der Stadt. Im Juni 1847 stifteten die Frauen der Mitglieder die Vereinsfahne mit dem Hessen-Löwen in den Farben Schwarz-Rot-Gold, die die Zeit der Reaktion, versteckt in einem Bäckerei-Schornstein, überstand und noch heute im **Wetterau-Museum** zu sehen ist. Sie gehört zu den ältesten erhaltenen Turnerfahnen in Deutschland. Im gleichen Jahr wurde die Turngemeinde als politischer Verein verboten. Die Mitglieder trafen sich unter dem Deckmantel des Bürgervereins »Harmonie« heimlich weiter. Nach der Märzrevolution 1848 fanden sie sich sofort wieder zusammen und bekamen Anfang September sogar Besuch von Turnvater Jahn (siehe S. 105), der den Übungen – nun auf der **Seewiese**, auf der heute noch Baseball und Volleyball gespielt wird – beiwohnte und zum Mittagessen ins bereits erwähnte Gasthaus **Zu den drei Schwertern** geladen wurde.

➔ *Wetterau-Museum, Haagstraße 16, www.wetterau-museum.de*

Fackelzug

Das Zentrum Friedbergs war Schauplatz der Ereignisse im Frühjahr 1848. In der Nacht zum 28. Februar erreichte die Nachricht

Hotel Trapp um 1900

von der Pariser Revolution die Stadt. Eine Menschenmenge zog daraufhin durchs Zentrum. Trapps Bruder Wilhelm und Weidigs Schwager Gustav Hoffmann übernahmen die Führung eines spontan gegründeten Bürgerkomitees, dem vor allem Beamte und Offiziere angehörten. Sie stellten sich hinter die gemäßigte Politik Heinrich von Gagerns. Am 6. März mittags traf die Nachricht von den Zugeständnissen des Großherzogs von Hessen-Darmstadt in Friedberg ein. Kreisrat Friedrich Küchler verkündete vom Balkon des **Hotels Trapp** die »Märzerrungenschaften«, wie eine freie Presse, die Einberufung der Nationalversammlung und die Erlaubnis zur Volksbewaffnung. Abends versammelte sich die Bürgerschaft auf dem **Stadtkirchenplatz** und zog im Fackelschein zum **Rathaus**. Das 1737 bis 1740 erbaute zweistöckige Alte Rathaus mit dem Friedberger Stadtwappen über dem Portal ist noch erhalten.

➔ *Hotel Trapp, Kaiserstraße 84*
➔ *Altes Rathaus, Kaiserstraße 21*

Die Seewiese heute

Am 15. März 1848 fanden in Friedberg die Wahlen zur Nationalversammlung statt. Schauplatz war erneut das **Hotel Trapp**, ein historischer Ort, der heute noch samt Ecktürmchen und Dachgauben erhalten, allerdings architektonisch modernisiert ist. Die Friedberger wählten den Landrichter Gustav Hoffmann in die Nationalversammlung, der sich den konservativen Fraktionen anschloss. Die mehrheitlich konservative Haltung der Friedberger zeigte sich auch bei der im Mai geweihten Bürgerwehrfahne, auf der es hieß: »Keine Republik. Das Parlament.« Die Bürgerwehr führte erste Übungen ebenfalls auf der **Seewiese** durch. Sie sorgte auch für Ruhe und Ordnung bei größeren Aufmärschen: Am 20. August fand dort eine republikanische Versammlung des Volksvereins mit rund 8.000 Anwesenden statt, die vor allem aus dem Taunus und der Wetterau kamen. Es wurden direkte Wahlen für den hessischen Landtag und eine Reformierung der Verfassung gefordert. Fast einstimmig sprach man dem gewählten Abgeordneten Gustav Hoffmann das Misstrauen aus. Nach wiederholten Störungen durch einheimische politische Gegner kam es schließlich zu einer Massenschlägerei.

Am 4. März 1849 trafen sich die Wetterauer Demokraten noch einmal zu einem großen republikanischen Fest im **Hotel Trapp**. Der Verleger Karl Scriba, der die neu gewonnene »Preßfreiheit« genutzt und 1848 das republikanische »Wetterauer Volksblatt« gegründet hatte, rief am 12. Mai darin vergeblich zur erneuten Revolution auf. Er stellte sich damit offen auf die Seite der Aufständischen in Frankfurt und Baden. Für die Friedberger Revolutionäre war es ein letztes Aufbäumen. Drei Tage später rückte das Friedberger Bataillon zum Kampf gegen die Aufständischen in Baden aus, im Juni versicherte der Bürgerverein der Landesregierung seine Ergebenheit und Scriba wurde wegen »Preßvergehens« verhaftet. Er verbrachte 123 Tage im Gießener Kriminalgefängnis, bevor er freigesprochen wurde. 1879 wurde er Bürgermeister von Friedberg.

➜ *Seewiese, An der Seewiese*

Bad Nauheim

Sprudelhof

Spätestens seit Beginn des 15. Jahrhunderts wurde in Nauheim Salz gewonnen. Doch während in der ersten Hälfte des 19. Jahrhunderts der Absatz des Salinensalzes zurückging, eröffnete die Nutzung der etwa 31 Grad Celsius warmen, salzhaltigen Quellen neue Möglichkeiten. Am 1. Juli 1835 wurde die erste kleine **Soolbad-Anstalt** im Dorf Nauheim eingerichtet. Der zweigeschossige Bau, der auf dem Gelände der heutigen evangelischen Dankeskirche stand, hatte neun Badezellen und neun Gästezimmer. Im ersten Jahr kamen 95 Gäste zur Badekur ins Dorf, das bis 1853 zwei größere Badehäuser am heutigen **Sprudelhof** errichten ließ. Die Soolbad-Anstalt wurde daraufhin zum Hotel umgebaut. Der zwi-

Jugendstil-Ensemble im Sprudelhof

schen 1905 und 1911 erbaute Sprudelhof mit seinen Badehäusern ist heute das größte geschlossene Jugendstilensemble Europas und das Wahrzeichen des Kurortes.

➡ *Standort der Soolbad-Anstalt von 1835, Gelände der Dankeskirche, Kurstraße 3, nördlich der Kirche gibt es eine Hinweistafel*

➡ *Sprudelhof, Ludwigstraße, frei zugänglich, es gibt Führungen, Infos unter www.sprudelhof.de*

Salineninspektor Wilhelmi

Begründer des Badebetriebs war unter anderem Heinrich Wilhelmi. Das zentrale Verwaltungsgebäude, in dem er tätig war, ist bis heute erhalten. Im **Salinenrentamt** gab es im Obergeschoss eine Wohnung für die leitenden Beamten. Nebenan standen das Knappschaftsbad, in dem rheumakranken Salinenarbeitern zur Linderung ihrer Leiden Solebäder verabreicht wurden, sowie vier Siedehäuser. Wilhelmi war in Nauheim hoch angesehen und zugleich Teil des revolutionären Netzwerks der Wetterau um den Butzbacher Pfarrer Friedrich Ludwig Weidig (siehe S. 71). Als im Januar 1832 polnische Aufständische auf der Flucht nach Frankreich in Oberhessen Station machten, empfingen die freiheitsliebenden Nauheimer sie unter Wilhelmis Führung mit »volksfestartigen Gastmählern«. Spendenlotterien sollten die Kämpfer unterstützen. Auch Wilhelmis Ehefrau beteiligte sich daran.

Für polnische Patrioten Der nationale Aufstand in Polen wurde 1831 durch zaristische Truppen, die Warschau besetzten, beendet. Tausende Soldaten der geschlagenen polnischen Armee mussten fliehen, die meisten wollten nach Paris. Auf ihrem Weg wurden rund 8.000 Flüchtlinge in der Wetterau von begeisterten Oppositionellen empfangen und unterstützt. Es wurden Polenvereine gegründet, die etwa durch Lotterien Geld- und Sachspenden sammelten, die aber zugleich auch zentra-

Ein Los des Wetterauer Frauenvereins

le Organisationen der liberalen Opposition bildeten. Auch der Wetterauer Frauenverein machte sich für die polnischen Patrioten stark.

Die Oppositionellen radikalisierten sich immer stärker und schlossen einen bewaffneten Aufstand nicht mehr aus. Der passionierte Jäger Wilhelmi erwarb 1833 eine Doppelflinte und zwei Pistolen. Er war zudem verantwortlich für die Salinenwacht und stimmte zu, dass ausgewählte Mitglieder der Bürgergarde mit zehn Musketen ausgerüstet wurden. Zugleich pflegte er Kontakte zu den Pro-

Das Gebäude des Salinenrentamtes heute

tagonisten des Frankfurter Wachensturms und plante, dass die Aufständischen im Falle eines Erfolges das Friedberger Pulverlager konfiszieren sollten. Er nutzte dazu auch seine Kontakte zu dem Exil-Polen Alexander Lubanski, der die Konstablerwache mit stürmte. Zur Übernahme des Pulverlagers kam es durch das Scheitern des Wachensturms nicht. Ende 1835 geriet Wilhelmi dennoch ins Visier der Ermittlungsbehörden, die Pfarrer Flick aus Petterweil vernommen hatten. Er kam 1836 und im Jahr darauf jeweils für mehrere Wochen in Untersuchungshaft. Schließlich musste er für vier Jahre in Festungshaft im Castel in Kassel und verlor zudem seine Anstellung. Als er 1849 versuchte, wieder in den Staatsdienst aufgenommen zu werden, verweigerte ihm sogar die Revolutionsregierung in Kassel die Rehabilitation.

➲ *Standort der Saline im 18. und 19. Jahrhundert mit dem erhaltenen Salinenrentamt, Kurstraße 27/29*

Wölfersheim

Das Blutbad von Södel

»...denkt an Södel! Eure Brüder, eure Kinder waren dort Brüder-
und Vatermörder«, schreibt Georg Büchner im Hessischen Landboten und meint die Soldaten, die selbst aus den Reihen der Landbevölkerung stammten, von deren Steuern bezahlt wurden und
die dort die Revolte niederschlagen sollten. Das Blutbad von Södel
im Jahr 1830 soll einer der Gründe gewesen sein, aus denen Büchner in Gießen die Gesellschaft für Menschenrechte gründete. Eine
Gedenktafel auf dem Kirchplatz von Wölfersheim, zu dem Södel
heute gehört, erinnert an die schrecklichen Ereignisse: Rund 2.000
verarmte Bauern und mittellose Landarbeiter, Kleinhändler, Mäg-
de und Knechte machten sich, angeregt von der Julirevolution in
Frankreich, im September 1830 zu einem Protestmarsch aus Richtung Hanau kommend in die Wetterau auf. In Södel waren die ran-
dalierenden Aufständischen nicht willkommen und wurden von
den Bewohnern angegriffen. Als Reitersoldaten des Großherzogs

Weißer Turm in Wölfersheim

heranrückten, flüchteten die Protestierenden. Die Södeler sahen ihre Retter kommen, doch plötzlich richtete sich deren Macht gegen sie selbst und sie wurden Opfer obrigkeitsstaatlicher Willkür. Es kam zu Gefechten zwischen Bewohnern und Soldaten, zwei Södeler kamen dabei ums Leben, viele wurden schwer verwundet. Der Södeler Pfarrer Eigenbrodt schilderte unter anderem: »Man würgte die Männer, als wolle man ihnen den Hals zerbrechen, man schlug, stach, trat sie, ein sehr braver Mann – der Unterförster – wurde mit Säbelhieben und Stichen verwundet, dann im Galopp von den Reitern vors Dorf geschleppt, dort am Kopfe so gehauen, daß Gehirn und Augapfel blos lagen, als man ihn ohnmächtig fallen ließ, wurde noch zweimal auf ihn geschossen...« In der Presse hieß es, die Soldaten seien gegen Rebellen vorgegangen. Über den Rest wurde nicht berichtet. Trotz anders lautender Versprechungen blieb auch die Strafverfolgung der Offiziere und Reiter durch den Großherzog eher Makulatur.

➔ *Gedenktafel Kirchplatz 3, Wölfersheim*

Butzbach

Weidig-Stadt

Butzbach trägt heute offiziell den Beinamen Friedrich-Ludwig-Weidig-Stadt. Damit erinnert sie an ihre zentrale Bedeutung für die Demokratiebewegung im Vormärz, als die Fäden der oberhessischen Freiheitskämpfe dort zusammenliefen. Friedrich Ludwig Weidig war das Oberhaupt der lokalen Bewegung. Er pflegte Kontakte in die Turnerbewegung, zu Liberalen und publizierte mit Georg Büchner den »Hessischen Landboten« (siehe S. 159), der über die Grenzen Hessens hinaus wahrgenommen wurde. Im Stadtbild sind noch heute einige Orte sichtbar, an denen der Theologe und Konrektor der städtischen Schule wirkte. Das elterliche **Forstamt** stand in der Griedeler Straße 23. Dort wuchs er auf und

Der Marktplatz von Butzbach

wohnte er bis zu seinem 17. Lebensjahr. Wenige Meter weiter erreicht man auf der gegenüberliegenden Straßenseite den hübschen Kirchplatz, an dessen Ende, direkt an der historischen Stadtmauer, das **Weidighaus** steht. Von 1824 bis 1826 lebte er in dem früheren Rektoratshaus der Lateinschule, wo er auch unterrichtete. Heute ist das Fachwerkhäuschen in Privatbesitz. Gleich gegenüber steht noch das alte Schulhaus, in dem er kurzzeitig wohnte.

Auch das **Fachwerkhaus in der Langgasse**, in dem heute die Butzbacher Zeitung ihren Sitz hat, die ebenfalls historisch auf die Zeit der Märzrevolution von 1848 zurückgeht, ist erhalten. Es war das Wohnhaus Weidigs nach seiner Heirat mit seiner Cousine Amalie Hofmann am 1. Januar 1827. Ihr Sohn Wilhelm wurde dort geboren. Die Weidigs lebten bis 1834 in dem Haus, das zugleich Treffpunkt der Revolutionäre des Vormärz war. Dank seiner Überzeugungskraft und seines Engagements hatte der Pädagoge ein oppositionelles Netzwerk geschaffen, das über Frankfurt hinaus bis nach Baden und Württemberg reichte. Auch viele seiner Schü-

Weidighaus am Kirchplatz

Sitz der Butzbacher Zeitung

ler folgten seinem politischen Vorbild.

Bereits als Student hatte sich Weidig politisch betätigt. Das »Blutbad von Södel« 1830 (siehe S. 67), aber auch die zunehmenden Zensurmaßnahmen und die Beschneidung der Versammlungsfreiheit radikalisierten sein Denken. Er half bei den Vorbereitungen zum Hambacher Fest im Mai 1832, ohne daran teilnehmen zu können, und gehörte zu den Mitorganisatoren des Frankfurter Wachensturms, der zugleich als Zündfunke für einen überregionalen Volksaufstand gedacht war. In Butzbach hatte man dafür Waffen- und Munitionsvorräte angelegt. Weidig aber bekam Zweifel, beteiligte sich nicht, konnte das zum Scheitern verurteilte Unternehmen jedoch nicht mehr stoppen. Daraufhin wurde sein Haus durchsucht und er kam für sieben Wochen in Untersuchungshaft, ohne dass man ihm etwas nachweisen konnte. Er stand damals, bewacht von ehemaligen Schülern, unter Arrest im

Gasthaus **Frankfurter Hof**, dessen Gebäude heute eine Seniorenresidenz beherbergt.

Zurück in seinem Haus in der Langgasse, entschied Weidig, dass das Volk auf breiterer Basis aufgeklärt werden müsse. Unter dem Pseudonym »Freimund Hesse« schrieb er von Januar bis März 1834 vier Ausgaben einer Schrift gegen Beamtenwillkür und Unrecht. Das Blatt wurde konspirativ gedruckt, heimlich verteilt und natürlich sofort verboten. Es wurde zum Vorläufer des Hessischen Landboten. Diesen Text von Büchner überarbeitete Weidig ebenfalls in der Langgasse.

- *Elterliches Forstamt, Griedeler Straße 23*
- *Ehemaliges Rektoratshaus, Weidighaus, Kirchplatz 11*
- *Altes Schulhaus, Kirchplatz 8, seit 1890 privat*
- *Wohnhaus Weidigs, Langgasse 18–20, heute Sitz der Butzbacher Zeitung*
- *Frankfurter Hof, Weiseler Straße 46*

Hessischer Turnvater und Revolutionär Friedrich Ludwig Weidig wurde 1791 als Sohn eines Försters in Oberkleen, heute ein Ortsteil von Langgöns, geboren. 1803 zog die Familie nach Butzbach. Er studierte Theologie in Gießen, wo er auch promovierte. 1812 wurde er Konrektor der Städtischen Schule zu Butzbach, ab 1827 deren Rektor. Der Schulunterricht beinhaltete damals unter anderem, die Jugend im Kampf auszubilden. Weidig machte neben Schieß- und Fechtunterricht mit seinen Schülern auch gymnastische Übungen.

Um das Jahr 1814 ließ er auf dem Butzbacher »Schrenzer« den vermutlich ersten Turnplatz im Großherzogtum Hessen errichten – was ihm den Beinamen »hessischer Turnvater« einbrachte. Heute verleiht der Hessische Turnverband die Friedrich-Ludwig-Weidig-Plakette in Bronze, Silber und Gold. Von 1830 an beteiligte Weidig sich zunehmend an konspirativen Aktionen der liberalen Opposition. 1834 traf er erstmals auf Georg Büchner. Für ihn redigierte er dessen »Hessischen Landboten« und gab ihn heraus. Im April 1834 wurde Weidig deshalb vom Dienst suspendiert und als Pfarrer in das abgelegene Dorf Obergleen im Vogelsberg versetzt. Ein Jahr später erließ das Großherzogtum Haftbefehl wegen Hochverrats gegen ihn. Am 24. April wurde er im Pfarrhaus verhaftet und eingesperrt. Er starb am 23. Februar 1837 im Gefängnis.

Weidigs Erbe

Ein wichtiger Ort für Weidigs Wirken war der **Schrenzer**, der Hausberg der Butzbacher. Gerne saß der Rektor dort mit politischen Freunden oder Schülern und erzählte aus der deutschen Geschichte oder sang mit ihnen Freiheitslieder. 1814 führte er dort das Schülerexerzieren ein und ließ einen Turnplatz anlegen. Das Turnen, etwa am Reck, an Barren, Kletterstangen oder Schaukeln, gehörte zu seinem politischen Programm, um ein Wiedererstarken des deutschen Volkes durch eine starke, wehrhafte Jugend zu erreichen. Doch Turner waren den Behörden suspekt und wurden polizeilich verfolgt. Als es auch im Großherzogtum eine »allgemeine Turnsperre« gab, soll Weidig die Turngeräte in seinem privaten Garten in der Langgasse aufgebaut haben, wo sein Verwandter und Schüler Moritz Kuhl das Turnen nach Weidigs Versetzung weiterführte, bevor 1846 die Turngemeinde Butzbach gegründet wurde. Kuhl leitete diese mit Unterbrechungen 29 Jahre lang. Als Erbe Weidigs prägte er in den 1840er bis 1860er Jahren auch die Politik Butzbachs und zog 1848 ins Paulskirchen-Vorparlament ein. Als Druckereibesitzer druckte und verantwortete er 1848 unter anderen den »Freien Stadt- und Landboten. Recht, Freiheit und Vaterland«, der Sprachrohr der Liberalen war und als Vorläufer der Butzbacher Zeitung gilt.

➔ *Schrenzer, zu erreichen über die Kleeberger Straße*

Volksversammlungen

Im September 1834 trat der in den Vogelsberg strafversetzte Weidig sein Amt als Pfarrer an. Seine Kontakte zu den oberhessischen Verschwörern rissen damit aber nicht ab. Im November organisierte er eine Zweitauflage des Hessischen Landboten mit, die in Marburg gedruckt wurde. Am 24. April 1835 wurde er in Obergleen schließlich wegen Hochverrats verhaftet, kam zunächst in die alte Klosterkaserne nach Friedberg (siehe S. 58) und dann ins Arresthaus nach Darmstadt (siehe S. 154). Dort war er dem grausamen Untersuchungsrichter Konrad Georgi ausgeliefert, dessen Quälereien er nach zwei Jahren Untersuchungshaft mutmaßlich durch Selbstmord entgehen wollte. Er starb infolge schwerer Schnittwunden an Armen, Beinen und Hals in seiner Zelle. Die genauen Umstände seines Todes blieben ungeklärt. Er wurde dadurch zum Märtyrer für seine Anhänger. Seine Mitverschwörer, insgesamt 14 Weidig-Schüler, waren ebenfalls in Darmstadt eingesperrt. Sie legten, schockiert über seinen Tod, Geständnisse ab und erhielten hohe Haftstrafen. Erst 1839 gab es eine Amnestie für sie.

Die Weidig-Schüler vergaßen ihren Lehrer nicht. Im Revolutionsjahr 1848 verweigerten die Butzbacher das vierwöchige Trauergeläut für den verstorbenen Großherzog, den sie mitverantwortlich machten für den Tod Weidigs. Am 18. Juni des Jahres pilgerten 8.000 Menschen auf den Schrenzer und verfolgten die Rede des linken oberhessischen Paulskirchen-Abgeordneten Karl Vogt, der eine freie, vom Volk mitgetragene Verfassung forderte.

Im November veranstalteten sie eine Totenfeier für Robert Blum (siehe S. 202), zu der etwa 600 Teilnehmer in den Deutschen Hof kamen. Unter der Führung von Moritz Kuhl errichteten die Butzbacher im April 1849 auf dem Schrenzer einen Fichtenhain, dessen Umriss den Namenszug Weidigs nachzeichnete. Nur einen Monat

später sprach sich eine letzte große Volksversammlung mit 4.000 Teilnehmern auf dem Schrenzer für den bewaffneten Kampf für die Reichsverfassung aus. Im Paulskirchenparlament wurde der Fall Weidig als Präzedenzfall für die Neuordnung des gerichtlichen Untersuchungsverfahrens herangezogen. 1928 wurde auf dem Schrenzer zudem ein Republikanisches Denkmal mit Reliefs von Weidig, Ebert, Rathenau und Erzberger eingeweiht. Es wurde 1933 auf Veranlassung der Nationalsozialisten gesprengt. 1937 wurde ein Findling gesetzt, der den Namenszug »Weidig« erhielt und leicht verwittert als Weidigdenkmal

Gedenkstein auf dem Schrenzer

bis heute an der Straße zum Schwimmbad zu sehen ist. Auch die letzte Eckeiche des 1849 gepflanzten Weidighains existiert noch. Auf dem Schrenzer wurde bis 2011 vom Turn- und Sportverein auch das alljährliche »Weidig-Bergturnfest« ausgerichtet, das eines der traditionsreichsten hessischen Turnfeste war.

➔ *Weidig-Findling auf dem Schrenzer, Kleeberger Straße*

Im **Museum Butzbach** erinnert heute ein Raum an den berühmten Bürger der Stadt. Neben dem einzigen bekannten Originalporträt von ihm sind dort in einer Vitrine ein Holz-Exerziergewehr und ein Holzsäbel zu sehen, die an die Exerzierübungen seiner Schüler erinnern. Zudem ist ein Hambacher Tuch, ein mit Porträts bekannter Liberaler bedrucktes Erinnerungsstück an das Hambacher Fest, ausgestellt, von dem es heute nur noch wenige Exemplare gibt. 1986 ist im Stadtarchiv und Museum das Weidig-Forschungsarchiv eingerichtet worden, das derzeit seine Bestände, wie etwa die frühen Ausgaben revolutionärer Zeitungen, digitalisiert und nach und nach der Öffentlichkeit zugänglich macht. Einen besonderen Schatz bildet die 1989 von der Stadt erworbene Sammlung des früheren Butzbacher Nudelfabrikanten Alexander Wilhelm Heil, eines begeisterten Anhängers Weidigs. Er sammelte in den 1920er und frühen 1930er Jahren Bücher und Druckgrafiken zu Vormärz und Revolution.

➔ *Museum Butzbach, Färbgasse 16, www.stadt-butzbach.de*

3 Fragen an Sebastian Grois,
Leiter des Weidig-Forschungsarchivs:

Welche Rolle spielt Friedrich Ludwig Weidig heute in Butzbach und was können wir von ihm lernen?

Er ist seit 2011 Namensgeber der Stadt und wird in Wort, Bild und Schrift öfter bedacht. Er ist daher im kollektiven Gedächtnis verankert, auch wenn vielleicht nicht alle wissen, wofür er steht. Man ist aber stolz darauf, dass es so eine Persönlichkeit, einen frühen Demokraten der deutschen Geschichte, in Butzbach gab.

Was war Ihrer Ansicht nach das Besondere an ihm?

Ähnlich wie Büchner vertrat auch Weidig ganz massiv den Gedanken der »Demokratie von unten«. Er setzte sich für eine Art von Bil-

dungsvermittlung ein, die die unteren Schichten erfasste, die üblicherweise keinen Zugang dazu hatten. Damit strebte er ein Gemeinschaftsgefühl und eine Art Einheit von unten an.

Sebastian Grois

Wie stark war sein Anteil am Hessischen Landboten?

Weidig war derjenige, der die Vorlage Büchners letztmalig überarbeitete und dieser dann seine endgültige Gestalt verlieh. Ohne seinen Einsatz wäre der Landbote nicht in der Form erschienen, wie er uns noch heute überliefert ist. Diese Überarbeitung soll nicht in allen Punkten in Büchners Sinn gewesen sein. Aus diesem Grund kann man zwar von einem Gemeinschaftswerk sprechen, aber das »abschließende Zepter« lag in der Hand Weidigs.

Wer noch weiter möchte:

Nidda

Gegen die Republik

Bevor die rund 2.000 Aufständischen in Södel ein Blutbad auslösten, waren sie mit Äxten und Sensen bewaffnet durch Nidda gezogen. Sie protestierten vor allem gegen die schwer auf der Landbevölkerung las-

Schloss Nidda

tenden Abgaben und gegen neu eingeführte Zölle. Dazu stürmten sie auch Amtsgebäude. Dem Bürgermeister gelang es, die städtischen Akten zu sichern. Die Forststrafprotokolle aber wurden im Hof des **Schlosses Nidda**, Sitz des Landrats, verbrannt. Das Domizil des Landgerichts im Schloss wurde samt Akten, Einrichtung und Privatwohnung des Landrichters völlig zerstört. Das Darmstädter Militär richtete schließlich sein Wetterauer Hauptquartier in Nidda ein. Die Anführer der Aufständischen wurden zu Freiheitsstrafen von bis zu 15 Jahre verurteilt.

➡️ *Schloss Nidda, Renaissance-Schloss, Schloßgasse 23–25, seit 2018 private Begegnungsstätte für Kunst- und Kulturschaffende, www.schloss-nidda.de*

Im Frühjahr 1848 unterzeichneten 101 Niddaer Bürger eine Petition an den Landtag, in der sie Zugeständnisse und die Einheit Deutschlands forderten. Sie wurde eingerahmt im **Rathaus** aufgehängt. Die Niddaer waren überwiegend gegen eine Republik eingestellt.

Bei einer Versammlung aller 83 Gemeinden des Wahlbezirks Nidda wurde entsprechend der Liberale Heinrich von Gagern für die Nationalversammlung nominiert. Am 12. Mai entschieden sich die Wahlmänner in der **Stadtkirche** mehrheitlich für ihn. Er nahm allerdings das Mandat aus Zwingenberg an. Im Dezember des Jahres gründeten im Ortenberger Gasthaus **Zur Stadt Frankfurt** 23 Gemeinden den Niddaer Volksbund, der für die Beibehaltung

Versammlungsstätte
Zur Traube

und Weiterentwicklung der bedrohten Märzerrungenschaften eintrat. Die zweite Hauptversammlung fand am 14. Januar 1849 in der Niddaer **Traube** statt, ein Gasthaus, das bis heute existiert, nach einem Brand 1996 aber neu aufgebaut ist. Auch der Chef der Bürgerwehr trat dem Bund bei und dafür ein, seine Brigade in den Kampf für die Reichsverfassung zu schicken. Doch die Niddaer beteiligten sich nicht an den Truppen, die aus der Wetterau gen Süden in den Kampf zogen.

➜ *früheres Rathaus, Raun 1, heute Niddaer Heimatmuseum, www.nidda-museum.de*

➜ *Stadtkirche zum Heiligen Geist, Auf dem Graben 35*

➜ *Hotel zur Traube, Markt 21, https://hotel-zur-traube.de/*

Büdingen

Wehrlos

Wie in Nidda stürmten Ende September 1830 die bewaffneten Aufständischen auch Büdingen. Einige ihrer Anführer wurden verhaftet und eingesperrt. Da die Büdinger sich dagegen entschieden hatten, eine Bürgerwehr aufzustellen, sorgte nur ein Militärkommando von etwa 60 Mann für die Sicherheit der Stadt. In der Nacht zum 30. September forderten 2.000 bewaffnete Bauern Einlass, um die Inhaftierten zu befreien. Die wenigen Soldaten konnten selbst mithilfe der Beamten und Diener des Grafenhauses Isenburg-Büdingen gegen sie nicht viel ausrichten. Schließlich wurden die Tore geöffnet. Ein Teil der Einwohner begrüßte die Aufständischen mit »Freiheit und Gleichheit«-Rufen. Diese stürmten die Amtsgebäude, etwa das Zollbüro im **Steinernen Haus** am Ende der Altstadtstraße, ehemals Stadtresidenz des Grafen Johann zu Isenburg, und verbrannten die Zoll- und Amtspapiere. Im **Schloss**, das heute ebenso sehenswert ist wie die mittelalterliche Altstadt, zwangen die Revolutionäre den Grafen, die Waldnutzungsrechte zu erweitern. Unter dem Tragen der Stadtfahne und mit Begleitung einer Kapelle mussten er und die Honoratioren der Stadt die Aufrührer bis nach Ortenberg begleiten, von wo diese weiterzogen. 1848 entschloss man sich, doch eine Bürgerwehr aufzustellen, in der die auf das Jahr 1353 zurückgehende Büdinger Schützengesellschaft für wenige Jahre aufging. Sicherheits-

Schloss Büdingen

wachen gingen nachts die Straßen ab. Die Frauen der Stadt stickten dafür eigenhändig eine schwarz-rot-goldene Fahne mit dem Doppeladler, die heute noch bei feierlichen Anlässen der Schützengesellschaft getragen wird. Eine Trommel der Bürgerwehr sowie Waffen und Zubehör aus der Zeit sind im Museum zu sehen.

→ *Schloss Büdingen, Schlossplatz 1, www.schloss-buedingen.de/ museum*

→ *Steinernes Haus, Büdingens ältester Wohnbau aus den Jahren vor 1500, Altstadt*

→ *Heuson-Museum Büdingen, Rathausgasse 6, www.heuson-museum.de*

Ebenfalls sehenswert in der Region:

→ *Keltenwelt am Glauberg, Museum und bedeutendste Fundstätte der europäischen Eisenzeit, www.keltenwelt-glauberg.de*

→ *Heilbad Bad Salzhausen, Nidda, sechs Quellen, Therme, Kunst im Kurpark, www.bad-salzhausen.de*

Route 3
Von Offenbach zum Untermain

Route 3
Von Offenbach zum Untermain

Offenbach

Fabrikstadt

Anfang der 1830er Jahre geriet Offenbach ins Visier der Zensurbehörden in Berlin und Wien. Aus der Stadt am Main gelangten zahlreiche republikanische Schriften in den Umlauf, darunter der berühmte »Hessische Landbote«. Eine Druckerei war zum Sprachrohr der allgemeinen Unzufriedenheit im Großherzogtum Hessen geworden. Die Offenbacher lebten damals rund um das Isenburger Schloss, das den Mittelpunkt der Stadt bildete. Die Industrialisierung hinterließ ihre Spuren. 1832 war die erste Dampfmaschine in einer Baumwollspinnerei aufgestellt worden. Hinzu kam die für Offenbach typische Lederwarenindustrie, die damals schon mehr als 20 Fabrikbetriebe zählte. Die Bevölkerung wuchs durch den Zuzug vom Land auf knapp 12.000 Einwohner in 1848. Neue gesellschaftliche Schichten und

Der Reichs-Kanarienvogel
Singt wenig ..... spricht viel ... und lebt von Diäten.

Zehn seltene Karikaturen einiger Abgeordneter des Paulskirchen-Parlaments hat das Haus der Stadtgeschichte vor einiger Zeit angekauft, so auch diese aus dem Verlag Eduard Gustav May, Frankfurt

Gruppen bildeten sich heraus, wie die der Fabrikanten sowie deren Arbeitnehmer. Einer verhältnismäßig kleinen Oberschicht stand eine große Gruppe Menschen gegenüber, denen vor allem in Handwerk und Kleingewerbe der soziale Abstieg drohte. Das Großherzogtum Hessen tat allerdings wenig dafür, die sozialen Spannungen zu entschärfen. Im Gegenteil, die Obrigkeit regelte das Leben der Bürger strikt, beäugte sie mit unverhohlenem Misstrauen. Sie begünstigte durch ihre wirtschaftsliberale Politik das Entstehen des Unternehmertums, das sich aber politisch nicht beteiligen durfte, und zugleich die soziale Not der unteren Schichten.

Der Hessische Landbote

Von dem Gebäude in der Frankfurter Straße 17, in dem eines der berühmtesten und literarisch hochwertigsten politischen Manifeste gedruckt wurde, ist leider nichts mehr zu sehen. Heute steht an seiner Stelle mitten in der Fußgängerzone ein großes Geschäftshaus. Die Druckerei Brede, die einst dort ansässig war, ging schon 1835 in Konkurs. Im Juli 1834 aber wurde dort im Geheimen die von Georg Büchner (siehe S. 151) und Ludwig Weidig (siehe S. 71) stammende Flugschrift **Der Hessische Landbote** (siehe S. 159) gedruckt. Der Verleger und Drucker Carl Preller hatte die Buchhandlung und Druckerei 1832 übernommen und sie zu einem der wichtigsten Druckorte oppositioneller Schriften in Deutschland gemacht. Er erhielt Aufträge des »Deutschen Vaterlandsvereins zur Unterstützung der freien Presse«, kurz des »Preßvereins«, einer bedeutenden oppositionellen Gruppe in Südwestdeutschland, deren Zentralkomitee seit Mitte 1832 in Frankfurt saß. Und er druckte die Zeitung »Der deutsche Volksbote«, die erste demokratische Offenbacher Zeitung, die im Februar 1833 nach nur 16 Nummern eingestellt werden musste, weil die Darmstädter Regierung die Konzession zurücknahm. Ab 1834 stellte Preller heimlich einige Flugschriften von Friedrich Ludwig Weidig her. Die Regierung ließ daraufhin bei den

Die erste Seite des Hessischen Landbotens und das Isenburger Schloss (re.), das damals den Mittelpunkt Offenbachs bildete

hessischen Druckereien Hausdurchsuchungen durchführen. Man suchte die Druckerpresse sogar vergeblich im Haus eines Butzbacher Schreiners. Weidig, Büchner und Carl Flach verfassten daraufhin das Spottgedicht auf den erzreaktionären Ministerpräsidenten des Großherzogtums, Karl du Thil: »Herr Du-Thil mit der Eisenstirn und der Schreinermeister Kaus aus Butzbach«, von dem Preller ebenfalls ein Flugblatt druckte.

Im März 1834 schrieb Büchner in Gießen den Entwurf für den »Hessischen Landboten«. Wahrscheinlich Anfang Mai brachten Mitstreiter das Manuskript zu Weidig nach Butzbach, der den Text bearbeitete, ergänzte und ihm den Titel gab. In der Nacht des 5. Juli lieferten Büchner und ein Mitstreiter die Druckvorlage, in Botanisierbüchsen zum Pflanzensammeln versteckt und mit einem Empfehlungsschreiben Weidigs versehen, bei der Druckerei in Offenbach ab. Sie waren insgesamt vier Tage lang unterwegs gewesen, um ein möglichst lückenloses Alibi sicherzustellen. Preller druckte heimlich rund 1.500 Exemplare der Flugschrift. Weitere Mitstreiter verteilten den Landboten nach Darmstadt, an Pfarrer Flick in Petterweil (siehe S. 52), nach Frankfurt, dann nach Friedberg und Butzbach. Doch ihr Vorhaben wurde verraten. Der Student Carl Friedrich Minnigerode wurde, als er in Gießen ankam, mit 139 in Rock und Stiefel versteckten Exemplaren verhaftet. Büchner machte sich daraufhin sofort auf den Weg nach Butzbach, um die dortigen Mitwisser zu warnen. Dann eilte er weiter nach Offenbach, um Preller zu informieren. Als man bei dem Drucker eine Hausdurchsuchung vornahm, wurde nichts gefunden. Er hatte die restlichen Drucke in seinem Haus gut versteckt. Sie wurden noch bis September weiter verteilt.

Die Behörden wussten seit langem, dass Preller Schriften der Opposition druckte. Es gelang ihnen aber trotz mehrerer Vorladungen und Verhöre nicht, ihn des Druckes des Hessischen Landboten zu überführen. Doch wirtschaftlich schadeten ihm die Verfolgung und die Einschränkung seiner Tätigkeit sehr. Am 3. August 1835 eröffnete das Landgericht über Prellers Vermögen den Konkurs. Zugleich floh der Drucker vor einer ihm drohenden Verhaftung in die Schweiz. Die traditionsreiche Druckerei wurde geschlossen, an ihre Stelle in der Frankfurter Straße trat eine Fabrik.

→ *Druckerei Hessischer Landbote, Frankfurter Straße 17, heute Geschäftshaus*

Drucker und Demokrat **Carl Johann Gustav Preller** wurde am 4. Juni 1802 in Eisenach geboren, zog mit seiner Familie nach Weimar und ging später als Buchdrucker nach Darmstadt. Er war groß und schlank, hellblond mit einer starken Nase, wie sein Steckbrief verrät, mit dem er nach seiner Flucht 1835 gesucht wurde. Am 1. August 1832 hatte er gemeinsam mit seinem Kollegen Dr. Carl Heuser vom 74-jährigen Carl Ludwig Brede in  Offenbach die weithin angesehene Brede'sche Buchhandlung und Buchdruckerei übernommen. Im Sommer 1834 verließ Heuser die Firma wieder. Preller knüpfte Kontakte zur Opposition. Bereits im Juli des Jahres druckte er den »Hessischen Landboten« und wurde spätestens seit dieser Zeit von den Behörden verfolgt. Seine Frau Agnes, die er 1833 geheiratet und mit der er einen zweijährigen Sohn hatte, folgte ihm 1836. Auch im Exil wurde Preller verfolgt, so dass die Familie teils illegal, teils geduldet in der Schweiz lebte. Nach seiner Scheidung heiratete Preller 1843 erneut und bekam eine Tochter. Drei Jahre später konnte er mit seiner Familie nach Deutschland zurückkehren. 1848 wurde er in Mainz Mitglied des »Demokratischen Vereins«. Er war in unterschiedlichen Berufen, unter anderem als Auswanderungsagent tätig. Er starb am 9. Juli 1877 mit 75 Jahren in Mainz.

Lokalbahn

Die Nachrichten von den revolutionären Ereignissen der ersten Märztage des Jahres 1848 in Darmstadt, wo der Repräsentant der alten Regierung gestürzt wurde, erreichte Offenbach schnell. Schon am 6. März kündeten Plakate an den Wänden von ersten Veränderungen. Eine Delegation, die die Berufung Heinrich von

Der Lokalbahnhof wurde 1956 abgerissen

Gagerns zum neuen Ministerpräsidenten in Darmstadt miterleb-
te, kehrte am 7. März zurück und wurde gefeiert. Ein Taumel der
Begeisterung erfasste die Stadt. Die Euphorie erstreckte sich auch
auf den neuen Lokalbahnhof, der Frankfurt mit Offenbach verbinden sollte. Jahrelang hatte sich der Bau der Trasse verzögert. Auch
als im März 1848 endlich alles betriebsbereit war, scheiterte die Eröffnung an einem Streit über Fahrpreise und Betriebsbedingungen
zwischen Frankfurt und dem Großherzogtum Hessen. Das Volk
nahm die Entscheidung schließlich selbst in die Hand. Am 8. März
drang eine ungeduldige Volksmenge in den Bahnhof ein. Sie zwang
das Personal zum Anheizen einer Lok. Jubelnd stürmte die Menge
in die Waggons, und der Zug setzte sich tatsächlich in Bewegung.
Tagelang fuhren die Offenbacher und Frankfurter nun ohne Fahr-
schein hin und her. Erst am 15. März konnte ein geordneter Fahr-
karten-Verkauf durchgesetzt werden, ab dem 9. April gab es auch
einen Fahrplan. Offiziell freilich nahmen die Behörden den illegalen
Start nicht zur Kenntnis. Sie datierten die Eröffnung der Bahn auf

den 16. April. Der Lokalbahnhof wurde 1956 abgerissen. Die heutige Bahnhofstraße, die S-Bahnstation sowie das Lokal »Am Lokalbahnhof«, das mit historischen Fotos und alten Zugschildern ausgestattet ist, erinnern an das Gebäude.

> ⊙ *Lokal »Am Lokalbahnhof«, Bahnhofstraße 10*

Fest der Verbrüderung

Nur wenige Wochen nach der gewonnenen Freiheit feierte Offenbach am 19. März 1848 ein Fest der Verbrüderung. In trauter Eintracht zogen rund 15.000 Offenbacher und Auswärtige unter dem Geläut der Kirchenglocken von der Waldstraße über die Frankfurter Straße zum Lagerhausplatz. Der Zug wurde von Militärmusik angeführt, es folgten die Mitglieder des 1843 gegründeten Turnvereins, dessen **Sommerturnplatz** hinter dem städtischen Lagerhaus lag, und die Sänger, der Gemeinderat, die Zivil- und Militärbeamten, die Angehörigen der Handelskammer und der Loge, Vertreter des Gewerbes, das Militär und viele Bürger. Reden und Lieder voller Leidenschaft und Pathos sowie die Illumination der Stadt berührten die Anwesenden. Die Begeisterung und die hochgeschraubten Erwartungen nach einem Leben in Freiheit und Selbstbestimmung überwogen. Die Realität sollte sie schnell genug einholen.

> ⊙ *Sommerturnplatz am ehemaligen Städtischen Lagerhaus, Frankfurter Straße 86, heute Deutsches Ledermuseum*

»Tempel der Freiheit«

Die Wahl eines Abgeordneten für das Paulskirchenparlament fand damals in der deutsch-reformierten Kirche statt, der Schlosskirche, von der heute noch der Turm erhalten ist. Jeweils 250 Bürger wählten zunächst einen Wahlmann. Die Wahlmänner traten am 16. Mai 1848 in der Kirche zusammen. Die Leitung der Wahl übernahm der Unternehmer und Autor Joseph Pirazzi, der den feierlichen Moment nutzte und die Anwesenden aufforderte: »(...)einen Tempel

der Freiheit lassen Sie uns auf-
richten, einfach und stark, hell
und geräumig und gestützt auf
die ewigen Säulen der Gerech-
tigkeit, der Weisheit, der Hu-
manität und der reinsten Vater-
landsliebe.« Zur Wahl standen
der Darmstädter Hofanwalt
Theodor Reh sowie der Mainzer Professor Riffel. Rehs Rede,
die er auf dem Lagerhausplatz
hielt, wurde anschließend gedruckt und verteilt, so dass sie
erhalten blieb. Darin heißt es:
»Ich will also keine Revolution,
sondern die Freiheit auf dem
Boden des Gesetzes – nicht den
Umsturz der Throne, sondern
die Concentrierung der obersten Gewalt des Volkes in dem
von ihm gewählten Parlament

Der Turm der Offenbacher
Schlosskirche ist erhalten

– nicht das Glück und die Wohlfahrt Einzelner, sondern Aller!« Er
gewann mit großer Mehrheit die Wahl.

➔ *Schlosskirche, 1943 zerstört, Kirchgasse 17*

Freiheitskämpfer und Präsident Als Abgeordneter zog er
für Offenbach in die Nationalversammlung ein und wurde deren letzter Präsident. Geboren wurde Jacob Ludwig **Theodor
Reh** 1801 in Darmstadt, wo noch heute im Ortsteil Kranichstein
eine Straße an ihn erinnert. Er studierte Rechtswissenschaften
in Gießen und Heidelberg und war Burschenschafter. 1821 trat

er in den hessischen Staatsdienst ein. Durch seine erste Ehefrau Karoline Theodore Luise Weidig wurde er der Schwager Friedrich Ludwig Weidigs (siehe S. 71), dessen Verteidigung er auch

übernahm. Reh gilt als einer der Organisatoren des Wilhelmsbader Festes und saß 1837 drei Monate lang in Untersuchungshaft. 1848 zog er ins Vorparlament und schließlich in die Nationalversammlung ein. 1849 wurde er zunächst Vizepräsident, am 12. Mai ihr Präsident. Damals war das Wirken des Parlaments bereits gefährdet, so dass er die Abgeordneten zu raschem Handeln aufforderte. Bereits im März hatte er den Antrag zur Wahl des deutschen Kaisers eingebracht und musste mitansehen, wie der preußische König der Delegation aus Frankfurt die kalte Schulter zeigte. Mitgereist war er nicht, weil er krank im Bett lag. Doch die Berliner Absage leitete den Niedergang ein. Kaum gewählt, legte Reh nach drei Wochen sein Amt wieder nieder, bevor das Rumpfparlament nach Stuttgart umzog.

Verwundete

Anders als in einigen anderen Orten des Großherzogtums stellten sich in Offenbach auch Soldaten auf die Seite der Revolutionäre. So sollen einige von ihnen, unterstützt von Bürgern, am Pfingstsonntag, 11. Juni 1848, mit Hochrufen auf die badischen Revolutionäre Hecker und Struve durch die Stadt gezogen sein. Zwei Kasernen gab es zu dieser Zeit in Offenbach. In der stadtauswärts gelegenen neueren Kaserne ist heute das Finanzamt untergebracht, doch man erkennt noch gut die Ausmaße und Architektur der historischen Anlage. Zu ihr zogen die Aufrührer. Dort kam es zu Tumulten, als sie die Auszahlung von noch ausstehendem Sold forderten. Zudem verlangten sie die Freilassung einiger wegen Dienstvergehens in Arrest sitzender Kollegen. Ein Trupp der Protestler drang schließlich durch eine Seitenpforte in die Kaserne ein. Die festgesetzten Soldaten wurden daraufhin freigelassen. Doch die dortigen Offiziere sollen die in der zweiten Kaserne im Biergrund stationierten Soldaten aufgehetzt haben, bei der

Die ehemalige Kaserne ist heute Sitz des Finanzamtes

Rückkehr in die Stadt auf die Protestler zu schießen. 16 Vertreter der Bürgerschaft wurden dabei verwundet. Die Ablehnung des Militärs ging in der Folge so weit, dass man rund zwei Wochen später über dessen Stationierung abstimmte und beschloss, dass Offenbach nicht länger Standort der Truppen sein sollte. Viel bewirkte die Entscheidung allerdings nicht, die Regierung beließ die Soldaten einfach vor Ort.

➲ *Kaserne, Bieberer Straße 59, heute Finanzamt*

Seligenstadt

Im Schutz der Masken

In den politisch unruhigen Jahren von 1848/49 wurden in der Stadt zwei Vereine gegründet, die bis heute überdauert haben: Die Turngemeinde 1848 trägt das Revolutionsjahr im Namen. Der Kirchengesangsverein nannte sich später in Cäcilien-Verein um. Doch der weibliche Name, der von der Heiligen Cäcilia, der Schutzpatronin der Sänger stammt, täuscht. Gegründet wurde der Verein von neun Männern, darunter dem Dirigenten Jakob Weil. Auch in den ersten Jahrzehnten zählte er 84 männliche Mitglieder, Frauen wurden nicht aufgenommen. In der Turngemeinde waren es ebenfalls Knaben und Männer, die nach den Ideen des Turnvaters Jahn körperlich und geistig ertüchtigt werden sollten. Dafür gab es für die warme Jahreszeit einen Turnplatz neben der evangelischen Kirche, der bereits im ersten Sommer nach der Gründung feierlich eingeweiht wurde. Dazu kamen viele Turner aus Offenbach und Hanau, die nicht nur feierten, sondern vermutlich auch Informationen austauschten.

Mitte des 19. Jahrhunderts zählte das heute mit seiner Fachwerkarchitektur und der Einhardsbasilika sehenswerte Seligenstadt mit seinen rund 3.500 Einwohnern zu den stark verarmten Gemeinden im Großherzogtum Hessen-Darmstadt. Im Vormärz, in dem ab 1830 Unruhen in der Landbevölkerung ausbrachen, wurde Seligenstadt zum Ziel der Proteste, bei denen Zollhäuser in Brand gesteckt und Beamte aus ihren Wohnungen gezerrt wurden. Die

Der Marktplatz von Seligenstadt

Märzunruhen 1848 fielen schließlich in die Faschingszeit. Der Faschingsdienstag begann fröhlich mit Musik und Böllerschießen. Doch die Stimmung schlug um und endete im gewalttätigen Tumult. Bis heute ist im **Fastnachts-Museum** der Stadt verzeichnet, dass die Tradition, sich während der »tollen Tage« zu verkleiden, aus dieser Zeit stamme, in der es plötzlich möglich gewesen sei, »unter der Maske der Narren« öffentlich seine Meinung zu sagen, ohne Strafen fürchten zu müssen. Bei den plötzlichen Protesten ging es auch den Seligenstädtern in erster Linie darum, ihre eigene Lebenssituation zu verbessern. Sie forderten vor allem, dass nicht nur die Feudalherren von Jagd- und Forstrechten profitierten. Ausschreitungen gegen Jagdaufseher und Revierförster sowie missliebige Gemeindebeamte gehörten fortan zum Alltag. Auch die jüdische Bevölkerung musste als Sündenbock herhalten. Die Gemeinde stellte eine Bürgerwehr auf, in der 350 Mann mit Flinten bewaffnet gegen die Revolutionäre aus der eigenen Nachbar-

Ein kleiner Narr lädt ins
Fastnachts-Museum ein

schaft vorgehen sollten, sich aber nur wenig Respekt verschaffen konnten. Also wurden im Mai Truppen aus Offenbach in Seligenstadt stationiert und erhielten im Sommer noch einmal Verstär-

kung, weil die Ausschreitungen nur schwer unter Kontrolle zu bringen waren.

→ *Fastnachts-Museum Seligenstadt, Frankfurter Straße 9, Gla-
absbräu Innenhof, www.seligenstadt.de*

→ *RegioMusem Seligenstadt, Klosterhof 2, präsentiert die Lebens-
verhältnisse und Originalobjekte des 19. Jahrhunderts,
www.kreis-offenbach.de/RegioMuseum*

→ *Außerdem sehenswert: Einhardsbasilika, eine der bedeutendsten Kirchen der Karolingerzeit auf deutschem Boden, mit reiz-
vollem Apotheker- und Kräutergarten, www.seligenstadt.de*

Kahl am Main

Radikaler Graf

Der Main bildet heute an dieser Stelle die Grenze zwischen Hessen und Bayern. Damals gehörten Hanau und auch Kahl zum Kurfürstentum Hessen. Die sehr spät und auf Druck der Bevölkerung
erlassene kurhessische Verfassung beinhaltete eine Pressefreiheit in vollem Umfang. Als erster machte der auf **Gut Emmerichshofen** in Bayern lebende Karl Graf von Benzel-Sternau davon Gebrauch, der ein schönes Beispiel dafür ist, dass auch im
Adel durchaus revolutionäre Ideen zu finden waren. In einem Hanauer Verlag gab der liberale Politiker, der bis 1813 im Großherzogtum Frankfurt Staats- und Finanzminister war und sich für die
bürgerliche Gleichstellung der Juden eingesetzt hatte, ab 1831
die Zeitschrift »Der Verfassungsfreund. Ein Landtagsblatt für
Deutschland« heraus. Sie widmete sich weniger den aktuellen Ereignissen, als viel mehr Fragen zur Verfassung und des Rechts.
Dennoch war sie im Tenor radikal, antimonarchistisch und revolutionär. Der Graf sympathisierte mit den Teilnehmern des Hambacher Festes und schickte ihnen einen Brief mit Beistandsbe-
kundung. Er kündigte zudem in seiner Zeitschrift die Gründung

Schloss Emmerichshofen ist heute in Privatbesitz

des Hanauer »Vaterlandsvereins zur Unterstützung der freien Presse«, kurz »Preßverein«, an. Dessen Ziel waren Einheit und Freiheit in Deutschland. Das Schloss Emmerichshofen liegt am Schloss-See, um den herum man zu Fuß zum Kahler See spazieren kann, einem der beliebten Bade- und Freizeitseen der Region.

➔ *Schloss Emmerichshofen, Emmerichshofen 1, Privatbesitz*
➔ *Kahler See, Badesee*

Hanau

Revolutionäres Zentrum

Hanau war eines der Zentren der demokratischen Bewegung in Deutschland. Hier, wie in anderen Orten, kamen gleich mehrere Auslöser zusammen. Die Zollpolitik und andere Regelungen des absolutistisch herrschenden Kurfürsten von Hessen-Kassel belasteten die Hanauer Wirtschaft. Hinzu kam, dass in der um 1830 aus

Alt- und Neuhanau zusammengewachsenen Stadt mit rund 13.700 Einwohnern einflussreiche Beamte des Kurfürstentums und eine starke Adelsschicht fehlten. Die weltoffene und oft wirtschaftlich unabhängige bürgerliche Gesellschaft forderte mehr Einfluss. Die zunehmende Industrialisierung führte zur sozialen Verelendung. Die Kartoffelfäule verursachte in den Jahren 1845 und 1846 Missernten, so dass viele Menschen hungerten. Der Stadtrat gab daraufhin Brotkarten aus. Sogar das Ministerium in Kassel schickte Geld. Dennoch gelang es dem kurhessischen Staat nicht, die Provinz Hanau ins Staatsgefüge zu integrieren. Umso anfälliger war die Stadt für revolutionäre Erhebungen.

Hanauer Krawalle

Bereits im Jahr 1830 revoltierte das Bürgertum gegen die absolutistische Staatsform des Kurfürstentums und dessen verfehlte Zoll- und Wirtschaftspolitik. Ein Bürgerausschuss sammelte mehr als 1.000 Unterschriften für eine Petition zur Abschaffung der Zölle und für eine liberale Verfassung. Doch die Delegation konnte dem Kurfürsten in Kassel ihre Forderungen nicht persönlich übergeben. In Hanau versammelte sich daraufhin am 24. September 1830 eine Menschenmenge auf dem damals noch unbebauten Neustädter Marktplatz und zog »Freiheit!« skandierend zum **Heumarkt**, an den heute nur noch ein Straßenname erinnert. Am Heumarkt 6 stürmte sie das Zollamt, im Volksmund bekannt als das »Letzte-Hemd-Amt«. Akten und Inventar gingen in Flammen auf. Die Bürgerwehr schritt nicht ein. Weitere Ziele wie das Mainzollamt am früheren Kanaltor wurden ebenfalls erstürmt und verwüstet. Die Feuer waren bis nach Frankfurt zu sehen, wo der Türmer auf dem Dom »Großfeuer in Hanau« meldete. Zollhäuser in der Umgebung, etwa jenes an der Mainkur Richtung Frankfurt, wurden am nächsten Tag gestürmt. Die an Kurhessen angrenzenden Länder, wie Hessen-Darmstadt, machten daraufhin mobil. Die Krawalle hatten also durchaus Wirkung über die Stadt hinaus. Die angesehensten Hanauer Bürger forderten den Kurfürsten auf, bald Verfassungsverhandlungen anzustrengen. Nur so sei weiteres Blutvergießen zu verhindern. Obwohl dieser Zugeständnisse machte und zudem militärische Truppen für Ordnung sorgen sollten, flammten die Unruhen immer wieder auf. Im November erhob sich die proletarische Unterschicht wegen der Erhöhung des Brotpreises. Das in Hanau stationierte Regiment ging rigoros gegen die Demonstranten vor und verhaftete fünf »Krawaller«, um sie nach Fulda zu bringen. Am **Nürnberger Tor** versuchten die mit Steinen und Knüppeln bewaffneten Aufständischen, die Gefangenen zu befreien. Diese konnten fliehen. Es kam aber auf der Nürnberger Straße zu einem wilden Kampf, bei dem sich schließlich die Bürgerwehr zwischen scharf schießende Militärs und Steine werfende Aufständische stellte. Es gab mehrere Tote. Sechs Krawaller wurden verhaftet. Noch Wochen danach musste die Bürgerwehr das Militär gegen Angriffe von aufgebrachten Hanauern schützen. Dazu kam auch noch militärische Verstärkung, die mit geladenen Kanonen in die Stadt einzog. Immerhin beschloss der Kasseler Landtag im Januar 1831 die vergleichsweise liberale kurhessische Verfassung, die aber hauptsächlich auf dem Papier bestand.

➡️ *Nürnberger Tor, Nürnberger Straße 2, versetzter Südpavillon, heute Vorverkaufsstelle der »Volksbühne Hanau«*

Schloss Philippsruhe

In der Zollfehde erhielt Hanau Unterstützung von unerwarteter Seite, vom Kurfürsten selbst. Der siedelte, weil die Kasseler sich über seine Mätresse Gräfin Reichenbach aufregten, zeitweise ins **Schloss Phil-ippsruhe** um. Seine Mätresse folgte ihm. Der nun wieder in Hanau residierende Hof belebte nicht unwesentlich das Geschäfts- und Wirtschaftsleben der Stadt. Wilhelm II. versprach außerdem, die Zölle abzuschaffen. Zurück in Kassel, verhinderte allerdings sein Sohn, Kurprinz Friedrich Wilhelm, dies. Erneut kam es zu Krawallen, die das Militär mit Gewalt beendete. Es gab Tote und Verletzte. Die **Hanauer Krawalle** sind seither ein Teil des städtischen Gedächtnisses. Lange Zeit wurden kleine, einteilige Brötchen umgangssprachlich als »Krawallcher« bezeichnet. Die Aufrührer wurden später zum Strafdienst herangezogen und mussten einen Entwässerungsgraben im vor den Toren der Stadt gelegenen Sumpfgebiet um den heutigen Hauptbahnhof ausheben. Im Volksmund hieß er schon bald »Krawallgraben«. Noch heute trägt die Straße hinter dem Hauptbahnhof diesen Namen.

➲ *Schloss Philippsruhe, Philippsruher Allee 45,*
   www.museen-hanau.de
➲ *Am Krawallgraben, Straße südlich des Hauptbahnhofs*

Wilhelmsbader Fest

Eine Information in einem der Gebäude erinnert heute im idyllischen **Staatspark Wilhelmsbad**, der ab 1777 als Bade- und Parkanlage vom späteren Kurfürsten von Hessen-Kassel, Wilhelm I., angelegt wurde, an das Wilhelmsbader Fest. Am Freitag, 22. Juni 1832, trafen sich dort rund 10.000 Menschen, um sich für Presse- und Meinungsfreiheit einzusetzen. Sie kamen aus vielen Teilen der Region und aus unterschiedlichen Staaten wie Kurhessen, dem Herzogtum Nassau, dem Königreich Bayern, dem Großherzogtum Hessen und darüber hinaus. Allein diese Tatsache zeigt, dass das Fest den Willen zur Einheit und Freiheit in verschiedenen deutschen Territorien widerspiegelte. Es war die letzte politische Großdemonstration des Vormärz nach dem Hambacher Fest,

Staatspark Wilhelmsbad mit dem historischen Gebäudeensemble

bei dem wenige Wochen zuvor auf dem gleichnamigen Schloss im pfälzischen Neustadt mindestens doppelt so viele Menschen zum »Nationalfest der Deutschen«, der bis dahin größten politischen Massenveranstaltung in Deutschland, zusammengekommen waren. In der Folge hatte der Deutsche Bundestag seine Maßnahmen gegen die vermeintlichen Aufrührer verschärft. Die Organisatoren aus Hanau um den Darmstädter Theodor Reh (siehe S. 89) hatten deshalb nur ein mittägliches Festmahl für 300 Honoratioren angemeldet, da Zensur und Überwachung die Vorbereitungen und die Durchführung des Festes stark behinderten. Die Honoratioren speisten dann tatsächlich im Saal, während das Volk draußen im Regen stand.

Wie in Hambach begann das Fest mit einem Umzug, ausgehend vom Wirtshaus **Zur goldenen Schachtel** in der heute nicht mehr existierenden Krämergasse 139. Von dort aus trugen die Gruppen die schwarz-rot-goldene Fahne vor sich her bis Wilhelmsbad. Vom Balkon des Arkadenbaus aus wurden zahlreiche Reden gehalten, die zum Teil mit großem Beifall aufgenommen wurden. Hauptredner war der revolutionäre Student Karl Heinrich Brüggemann. Er hatte schon beim Hambacher Fest zwei Mal für Pressefreiheit und gegen Unterdrückung gesprochen. Mit seiner mitreißenden Rede begeisterte er die im Regen stehende Menge, darunter Bauern, Tagelöhner und Gesellen. Er rief sie zum Kampf und zur Bewaffnung auf. Doch die Menge ging nach kleineren Tumulten schließlich friedlich auseinander. Dennoch wurden die Veranstalter und einige Redner verhört und verhaftet. Brüggemann wurde einen Monat später an Preußen ausgeliefert, zum Tode verurteilt und erst 1840 begnadigt. Die kurhessische Regierung verbot ab Juli 1832 alle öffentlichen Versammlungen und Volksfeste mit politischem, auf die Einheit Deutschlands abzielendem Charakter. Der Bundestag untersagte politische Vereine und politische Reden und schränkte die Pressefreiheit massiv ein.

➔ *Staatspark Hanau Wilhelmsbad, englischer Landschaftspark mit historischem Karussell und Puppen- und Spielzeugmuseum*

Das Hanauer Ultimatum

Die Nachrichten von der Februarrevolution 1848 in Frankreich stärkten die Hanauer in ihren revolutionären Bestrebungen. Man sang wieder verbotene Freiheitslieder und warf die Polizeispitzel kurzerhand aus den Versammlungslokalen. Anders als in anderen Orten, standen hier Bürgertum, Handwerker und Arbeiter auf derselben Seite. Am 28. Februar 1848 fand im Wirtshaus **Zum weißen Schwan** von Jacob Koch, dem Hauptquartier der Radikalen, eine Volksversammlung statt. Der Tabakwarenfabrikant und spätere Oberbürgermeister August Rühl legte eine Resolution an den Kurfürsten Friedrich Wilhelm I. vor, in der er unter anderem sofortige Pressefreiheit und Neuwahlen ohne Klassenwahlrecht forderte. Man brachte die Petition nach Kassel. In den folgenden Tagen gab es unzählige Versammlungen. Von den Verboten der Regierung ließ man sich nicht mehr einschüchtern. Die Unruhe wurde größer, je länger die Antwort aus Kassel auf sich warten ließ. Zahlreiche Bauern aus den umliegenden Orten kamen nach Hanau. Die Kampfstimmung wuchs, auch weil zu hören war, dass der Kurfürst militärische Kräfte auf den Weg in die Stadt geschickt habe. Die Delegation mit der Petition war von ihm gar nicht empfangen worden.

Am 8. März 1848 verlas der liberale Oberbürgermeister Bernhard Eberhard vom Balkon des **Rathauses** aus schließlich die Depesche des Kurfürsten. Vor ihm standen rund 5.000 Menschen, vielfach bewaffnet. Der Kurfürst hatte die Pressezensur aufgehoben und die Verbote gegen die Deutschkatholiken. Das genügte den Anwesenden nicht. Immer stärker wurden Rufe nach Freiheit laut. Eine Volkskommission aus 24 Männern aller politischen Richtungen schrieb noch einmal eine, diesmal wenig unterwürfige Petition mit acht Punkten, die als **Hanauer Ultimatum** in die Geschichte eingingen: Innerhalb von drei Tagen solle der Kurfürst den Forderungen zustimmen, die unter anderem die völlige Pressefreiheit, das Versammlungsrecht, eine umfassende Religions- und Gewissensfreiheit, eine Amnestie für die politischen Gefangenen von 1830 und die Neubesetzung aller Ministerien umfassten. Die Petition schloss mit den drohenden Worten: »Besonnene Männer, Königl. Hoheit, sagen Ihnen hier, dass die Aufregung einen furchtbaren Charakter angenommen hat. Bewaffneter Zuzug aus den Nachbarstädten ist bereits vorhanden, schon wird man mit dem Gedanken einer Lostrennung vertraut und kennt recht wohl das Gewicht der vollendeten Tatsache. Königl. Hoheit, gewähren Sie! Lenke Gott Ihr Herz.«

Zur Sicherheit errichteten die Hanauer schon einmal Barrikaden aus Pflastersteinen,

Die Hanauer bejubeln den Erfolg ihrer Forderungen

»Ein erhöhter Altar war auf dem Platz vor dem Rathause aufgeschlagen, um diesen reihten sich die Behörden und Geistlichkeit, diese waren umgeben von der mit Sensen bewaffneten Freischaar, den Turnern und den Bockenheimer Männern, hinter diesen dem Rathaus gegenüber standen die Schützen und alles war umgeben von der Bürgergarde. Bis zu den höchsten Dachluken des großen Platzes sah man Frauen mit Gesangbüchern, welche das Te Deum begeistert mitsangen«,

beschrieb G. Conrad Herrmann die Szene.

Brückenbohlen und Sand und holten sich bewaffnete Revolutionäre aus West- und Süddeutschland zur Unterstützung. In Mainz und Mannheim standen mehrere Hundert bewaffnete Turner und Freischaren bereit. In Kassel war man schockiert von der »frechen Eingabe« der abtrünnigen Hanauer. Am Ende gab der Kurfürst aber nach und beugte sich am 11. März dem Volkswillen, um den Aufstand zu vermeiden und seinen Thron zu retten. Er erfüllte fast alle Forderungen und berief eine liberale Märzregierung ein, der auch Hanaus Oberbürgermeister Eberhard angehörte. Dieser verlas erneut vom Rathausbalkon den Erfolg. Am 12. März feierten die Hanauer daraufhin ein Freudenfest mit einer allgemeinen Stadtbeleuchtung. Einen Tag später zelebrierte der Pfarrer der Marienkirche einen öffentlichen Dankesgottesdienst auf dem Neustädter Marktplatz. Er endete mit einer Parade der bewaffneten Hanauer Streitmacht.

→ *Neustädter Rathaus, Marktplatz, mit Brüder-Grimm-Nationaldenkmal*

Die Turnerbewegung

1837 gründete sich eine von Anfang an als politisches Forum gedachte Turngemeinde in der Stadt. Das Turnen war schon früher in Mode gekommen, erstmals öffentlich geturnt wurde in Hanau bereits 1817 auf einem Gymnasial-Turnplatz. Doch das Turnverbot,

In dieser Kirche fand der erste Deutsche Turntag statt

das der Deutsche Bund im Zuge der Karlsbader Beschlüsse 1819/20 erlassen hatte, beendete das Engagement. Als das Turnen wieder erlaubt war, entstanden Vereine mit politischem Hintergrund. Auch der Hanauer Verein, der neben Sommer- und Winterturnen Fechten, Chorgesang und eine Turnerfeuerwehr anbot, war zugleich Sammelpunkt für politische Wortführer. Einige Aktive kritisierten sie als »Maulturner«.

Im Süden Deutschlands entstanden immer mehr Turnvereine, die sich zu gemeinsamen Veranstaltungen trafen. Zur Planung der Turnfeste wurden daher überregionale Turnverbände benötigt. Die Gründung einer gesamtdeutschen Turnerschaft wurde erstmals in Heidelberg im Juni 1847 angeregt. Das darauffolgende Frankfurter Turnfest bereitete die Konstituierung vor. Im November wurden die Statuten bei der Versammlung in Heppenheim beraten. Im Januar 1848 gab es eine Zusammenkunft in Hattersheim. Doch erst in Hanau gründete sich schließlich der Deutsche Turnerbund. Der Hanauer Küfer und begnadete Redner August

Schärttner, der seit 1841 die Turngemeinde in Hanau führte, hatte bereits Kontakte zu anderen Vereinen der Umgebung geknüpft und zeitweise mit dem Frankfurter »Turnvater« August Ravenstein

Denkmal Jahn-Eiche

den Rheinisch-Hessischen Turnbezirk mitgegründet, dessen Vereinslokal das Wirtshaus **Zum weißen Schwan** wurde. Am 2. und 3. April 1848 lud Schärttner schließlich mit der Hanauer Turngemeinde Delegierte von insgesamt 40 Vereinen zum ersten Deutschen Turntag in die **Wallonische Kirche** ein. Noch heute weist eine Gedenktafel an der sanierten Ruine auf das Ereignis hin, bei dem der Deutsche Turnerbund gegründet wurde. Festredner war Friedrich Ludwig Jahn, der während dieser Zeit bei seinem Freund August Schärttner in der Hanauer Fischergasse weilte. Eine damals gepflanzte **Jahn-Eiche** erinnert an seinen Aufenthalt.

➡ *Haus der Familie Schärttner, Fischergasse 25, abgerissen für die Erweiterung der Hauptpost*

➡ *Wallonisch-Niederländische Kirche, Französische Allee 12, Gedenktafel*

➡ *Jahn-Eiche, Gustav-Hoch-Straße/Ecke Kattenstraße*

Der Turnerbund war ebenfalls kein reiner Verband für Leibesübungen, sondern eine politische Organisation, die den Zweck hatte, »auf die Einheit und auf die Einigung des getrennten deutschen Vaterlandes hinzuwirken«. Weil sich die Turner in Republikaner und Liberale spalteten, luden die Hanauer am 2. Juli zu einem weiteren

Turnerkongress mit 800 Delegierten aus ganz Deutschland ein. Als man keine Einigung fand, bildeten sich schließlich zwei Organisationen, der Demokratische Turnerbund sowie der liberale Deutsche Turnerbund, der allerdings weniger Zulauf erhielt. Erst im August einigte man sich auf einen Allgemeinen Deutschen Turnerbund, der die »Freiheit, Gleichheit und Brüderlichkeit des einigen deutschen Volkes« erstreben wollte.

Umstrittener Turnvater

Dass heute überall in Vereinen an Reck und Barren geturnt wird, ist **Friedrich Ludwig Jahn** zu verdanken. Er gilt als der Initiator der deutschen Turnbewegung, die im 19. Jahrhundert eng mit der Nationalbewegung verknüpft war. Jahn wurde als Pfarrerssohn in Lanz an der Prignitz geboren. Er studierte Theologie und gründete am 13. November 1810 mit elf Freunden in Berlin den nationalistisch geprägten geheimen »Deutschen Bund« zur Befreiung und Einigung Deutschlands. Ein halbes Jahr später begann er mit dem öffentlichen Turnen als patriotische Erziehung. Er gründete den Berliner Turnverein, der viele Nachahmer in Deutschland fand, initiierte aber auch eine studentische Bücherverbrennung auf der Wartburg. 1819 erließ der Deutsche Bund daraufhin ein Turnverbot. Jahn wurde verhaftet und blieb fünf Jahre lang in Gefangenschaft. Erst 1840 wurde er rehabilitiert, schließlich ins Vorparlament berufen und anschließend in die Nationalversammlung, in der er zu den konservativsten Vertretern zählte. Seine nationalistischen Ansichten kosteten ihn viel Anerkennung unter den demokratisch orientierten Turnern. Als er im Juli 1848 zum Turnerkongress in Hanau erschien, übersah man ihn einfach, so dass er verbittert die Stadt verließ. Er starb im Alter von 74 Jahren 1852 in Freyburg an der Unstrut. Sein Motto »Frisch, fromm, fröhlich, frei« ist noch heute der Turnerwahlspruch. Aus den vier F wurde das Turnerkreuz, das Logo des Deutschen Turner-Bundes, geformt. Das Gedenken an Jahn ist wegen dessen nationalistischer, antisemitischer und antifranzösischer Einstellung allerdings mittlerweile umstritten. Er wurde ideologisch sowohl von den Nationalsozialisten als auch in der DDR vereinnahmt. In mehreren Städten wurden Plätze und Straßen mit seinem Namen inzwischen umbenannt.

Frostiger Empfang

Hanau schickte den Demokraten und Oberbürgermeister August Rühl in die Frankfurter Nationalversammlung – im Gegensatz zum übrigen Kurhessen, wo die Demokraten und Republikaner eine völlige Niederlage erlitten. Die Vorgänge im Frankfurter Parlament wurden in Hanau aufmerksam verfolgt, so auch Heinrich von Gagerns Schachzug, die Regierungsgewalt einem »Reichsverweser« zu übertragen. Die Demokraten im Lande hatten eher damit gerechnet, dass ein gewählter Präsident die Zentralgewalt übernehmen würde und kein Fürst. Eine weitere Volksversammlung am 21. Juni ließ daher die Republik hochleben. Als der von der Mehrheit im Paulskirchenparlament gewählte Erzherzog Johann von Österreich sich auf die Reise nach Frankfurt machte, glich diese einem Triumphzug. Nicht so in Hanau, wo er am 11. Juli durchfuhr und eher frostig empfangen wurde. Die Mehrheit des Stadtrats beschloss zwar, die Stadt mit Fahnen zu schmücken, doch die Republikaner, unter ihnen viele Turner, riefen zur Gegendemonstration. Einige von ihnen drangen ins Rathaus ein und rissen die Fahnen vom Balkon.

Oberbürgermeister Rühl lehnte es ab, den Erzherzog zu begrüßen. Dieser stieg schließlich gar nicht erst aus.

Der bevorstehende Septemberaufstand in Frankfurt rief die Hanauer erneut auf den Plan. Noch in der Nacht nach dem Beschluss der Nationalversammlung, den Waffenstillstand Preußens mit Dänemark nicht mehr zu verhindern, schickten die radikalen Vereine Frankfurts Boten in alle Richtungen, mit der Aufforderung, zur Versammlung auf die Frankfurter Pfingstweide zu kommen. In Hanau hingen am nächsten Morgen große Maueranschläge, die zur Teilnahme aufriefen. Mitglieder der Turnerwehr, des Arbeiterkorps und der Bürgergarde sammelten sich für einem möglichen bewaffneten Zug nach Frankfurt. Da wenige Tage zuvor die Eisenbahnlinie zwischen Frankfurt und Hanau eröffnet worden war, konnten 600 bis 700 Menschen mit dem neuen Verkehrsmittel fahren. Die meisten kehrten allerdings am Abend wieder zurück, noch bevor der Aufstand ausbrach. Der Hanauer Demokrat Wilhelm Ziegler schilderte in einer Chronik, wie er die Zeit erlebte: »Morgens halb 9 Uhr wurde eine augenblickliche Volksversammlung bekannt gemacht, alles strömte ins **Schauspielhaus**, Rauh [gemeint ist der Abgeordnete Heinrich Rauh] verzählte von der Frankfurter Volksversammlung und forderte jeden auf, jeden Augenblick bereit zu sein (...). Schärttner kam um 10 Uhr von Frankfurt und konnte weiter nicht mitteilen, als dass der Frankfurter-Hanauer Bahnhof mit Österreichern und Preußen besetzt

Das Stadttheater wurde 1945 ausgebombt

sei (...). Nachmittags 4 Uhr kam die Kunde, dass Barrikaden gebaut seien, alle Thoren besetzt und Schuss auf Schuss fiel. Es setzte alle Gemüther in Bewegung, es schlug Alarm, die Bürger-Garde war unter Waffen. Viele glaubten, es ging nach Frankfurt, allein der Oberbürgermeister verhinderte es, denn es sei kein allgemeiner Aufruf. Es wurden Thürme, Rathaus, Zeughaus und noch andere Gebäude besetzt, bis spät in die Nacht fielen einzelne Schuss, auch hatten die Preußen die Eisenbahn vor der Mainkur aufbrechen lassen. Man läutete Sturm auf dem französischen Kirchturm, man begehrte die Sensen aus dem Rathaus, was jedoch nicht geschah, die Nacht ging ruhig vorüber.« Unter den Aufständischen, die in Frankfurt ums Leben kamen, waren drei Hanauer.

➔ *Stadttheater Hanau, 1945 ausgebombt, heute Ypsilonhaus, Freiheitsplatz*

Bewaffneter Kampf

Die Reichsverfassung war verabschiedet. Doch als der Preußenkönig die Kaiserwürde ablehnte, war die Aufregung in Hanau erneut groß. Das Rumpfparlament aus Frankfurt zog nach Stuttgart und kam am 1. Juni 1849 mit dem Dampfschiff an Hanau vorbei. Eine Abordnung warb bei der Turnerwehr um Unterstützung. Am Abend des 2. Juni nahm ein großer Teil der Turner, aber auch Arbeiter und Handwerker in der **Kastanienallee,** heute Hanau-Kesselstadt, Aufstellung. Etwa 260 Mann, drei Kompanien unter der Führung von August Schärttner, marschierten mainaufwärts nach Baden. Sie schlossen sich der Heilbronner Turnwehr an.

➔ *Kastanienallee, verbindet Schloss Philippsruhe mit der Fasanerie von Hanau-Wilhelmsbad, 1722 angelegt, Kulturdenkmal*

Im Kampf für die Verfassung in Baden unterlagen die Hanauer Turner. Da sie nicht mit einer Amnestie von Kurhessen rechnen konnten, kehrten nur die weniger belasteten nach Hanau zurück, wo nach dem Scheitern der Revolution 3.500 Soldaten einquartiert sowie alle politischen Vereine verboten wurden. Die anderen blieben in der Schweiz oder wanderten nach Amerika aus. August Schärttner ging nach London, wo er schließlich ein eigenes Gasthaus eröffnete, in dem sich regelmäßig deutsche Emigranten, unter ihnen auch Karl Marx, trafen. Die Hanauer Turngemeinde wurde 1850 offiziell aufgelöst. Im September 1856 wurden 203 Beschuldigte angeklagt. 43 Hanauer Turner standen wegen des großen Besucherandrangs im Rathaussaal vor Gericht. Die 21 Erschienenen wurden freigesprochen, die übrigen zu Haftstrafen von drei bis acht Jahren verurteilt. August Schärttner erhielt in Abwesenheit die Höchststrafe. Zu seinen Ehren wurde bereits 1852 an der Ruine der ehemaligen Turnhalle der Turngemeinde eine Gedenktafel angebracht. Heute tragen eine Straße sowie die **August-Schärttner-Halle** seinen Namen. Die Sparkassen-Sportstiftung Main-Kinzig vergibt jährlich den August-Schärttner-Preis für vorbildliche ehrenamtliche Tätigkeit.

➔ *Neustädter Rathaus, Marktplatz 14 – 18*

Kämpfer für die Demokratie Er gehört zu den großen Söhnen der Stadt Hanau und ist doch ein bisschen in Vergessenheit geraten. Geboren wurde **August Ferdinand Schärttner** am 31. Januar 1817 als Sohn eines Küfermeisters. 1837 schloss er sich der neugegründeten Turngemeinde Hanau an und wurde vier Jahre später ihr Vorsitzender. 1844 war er

für die turnerische Leitung des ersten Feldbergfestes (siehe S. 226) verantwortlich. Als Mitglied der »Hanauer Volkskommission« unterzeichnete er das Hanauer Ultimatum mit und führte die Delegation zum Kurfürsten von Hessen-Kassel an, der daraufhin unter anderem die Versammlungsfreiheit ermöglichte. So konnte Schärttner im April 1848 in Hanau den 1. Deutschen Turnertag ausrichten. Die Gründung des Demokratischen Turnerbundes führte zum Bruch mit seinem Freund Friedrich Ludwig Jahn. Schärttner stellte sich an die Spitze der Hanauer Turnwehr, als die Revolution zu scheitern drohte, und zog mit ihr nach Baden. Er sollte seine Heimatstadt nie wiedersehen. Zunächst rettete er sich mit dem Rest der geschlagenen Turnerwehr in die Schweiz, dann floh er über Frankreich nach London. Er kaufte 1851 in der Long-Acre-Street 27 einen Pub, den er unter dem Namen »Zum Deutschen Haus« betrieb. Er starb am 22. Februar 1859 im Alter von nur 42 Jahren und ist in London begraben.

Drei Fragen an Schülerinnen und Schüler der Hohen Landesschule Hanau, die sich im Schuljahr 2020/21 mit dieser Zeit beschäftigten und Informationstafeln dazu entwickelten, die in Hanau aufgestellt wurden. Sie erhielten dafür den Nachwuchspreis des Hanauer Geschichtsvereins 1844:

Beim Wilhelmsbader Fest versammelten sich die Menschen zum Kampf für die Presse- und Meinungsfreiheit. Warum war das so wichtig und ist es heute noch?

Florian Suk: Meinungs- und Pressefreiheit waren damals eben nicht gegeben, sondern wurden durch die Herrscher staatlich unterdrückt. Mit dem Wilhelmsbader Fest gewannen diese Freiheiten durch viele mitreißende Reden und Flugblätter Aufmerksamkeit.

Auch wenn es heute nicht im Zentrum der Erinnerung steht, ist es uns durch solche Ereignisse heute erst möglich, eine Demokratie zu führen, in der es wichtig ist, dass die Medien die Menschen über wichtige, erst recht politische Themen informieren bzw. aufklären können, damit sich jeder seine eigene Meinung bilden kann.

Was halten Sie vom Engagement der Turner um August Schärttner und was können wir heute von ihnen lernen?

Janis Baasner: Die Hanauer Turner mit ihrem Vorsitzenden August Schärttner waren schon früh politisch aktiv. Nicht erst auf dem ersten deutschen Turnertag im April 1848 forderten sie eine Republik sowie die »Einigkeit des deutschen Volkes«. Das Engagement der Turner und der Hanauer Volkskommissare sollte ein Beispiel für die heutige Generation sein. Sie setzten sich selbstlos für ihre Mitmenschen ein, um ihnen Rechte zu verschaffen. Ihr selbstloses Engagement für die Gemeinschaft – auch gegen den Widerstand der Regierung – sehe ich daher als zutiefst ehrwürdig an.

Die Menschen, die damals das Hanauer Ultimatum stellten, zeigten großen Mut. Wäre das heute auch noch so möglich?

Leonie Lindemann: Da Menschen auch heutzutage in Missständen leben und unter Unterdrückung leiden, denke ich, dass heute genauso wie früher die Menschen für ihre Rechte einstehen. Dies läuft leider nicht immer friedlich ab, dennoch riskieren viele Menschen ihre Freiheit oder auch ihr Le-

Janis Baasner (li.), Leonie Lindemann, Florian Suk

ben, um zum Beispiel an einer Demonstration teilzunehmen, die die Regierung, aber auch die Welt wachrütteln soll. Dass Menschen auch heute den Mut haben, sich gegen vermeintlich stärkere Kräfte zu wehren, zeigen die Demonstrationen vieler Menschen in Belarus, Afghanistan und anderen Ländern. Doch auch einzelne Personen zeigen Mut und kämpfen für ihre Rechte, was, wie ich finde, sie noch mutiger erscheinen lässt, da sie vermeintlich allein handeln und das bisschen Schutz, welches ihnen eine Gruppe bieten könnte, aufgeben, um ihre Stimme zu erheben.

Langenselbold

Jahns Auftritt

In Langenselbold lebten um 1847 rund 2.600 Einwohner in 336 Häusern. Die kleine Gemeinde litt unter der schlechten wirtschaftlichen Situation der vergangenen Jahre. Der Hanauer Volksrat fuhr am 12. April 1848 morgens um 11 Uhr in Begleitung Friedrich Lud-

Im »Goldenen Engel« hielt Turnvater Jahn eine Rede

wig Jahns nach Langenselbold. Man wollte die Landbevölkerung über die politischen Vorgänge informieren und hoffte, dass sie sich der Hanauer Politik anschließen würden. Vor dem Wirtshaus **Zum Goldenen Engel**, das mittlerweile saniert wieder in alter Pracht zu sehen ist, hielten sie eine Volksversammlung ab, zu der rund 1.500 Männer aus dem Ort, aber auch Menschen aus Langendiebach, Rückingen und weiteren Gemeinden kamen. Aus dem Fenster des Gasthauses hielt Jahn eine Rede, in der er sich für öffentliche Ruhe und Ordnung einsetzte. Nach eineinhalb Stunden löste sich die Versammlung auf, es blieb tatsächlich ruhig dabei.

Bereits im Februar 1844 hatte sich der örtliche Gesangsverein gegründet, der sich ebenfalls im Goldenen Engel traf und zu dieser Zeit auch politische Plattform gewesen sein dürfte. Einige Jahre später spaltete sich der Verein zumindest aus politischen Gründen in zwei Vereine auf. Die Fahne des Gesangsvereins, die aus dem Jahr 1848 stammt, hängt heute im **Heimatmuseum**. Auch einen Demokratischen Verein gab es. Von den 2.600 Einwohnern im Ort waren dort immerhin 280 Mitglied. Einige von ihnen folgten dem Zug der Hanauer Turner im Juni 1849 nach Baden.

→ *Zum Goldenen Engel, Marktplatz 9, Gedenktafel, heute privat*

→ *Gegenüber steht das alte Amtshaus, damals Gericht und Gefängnis*

→ *Heimatmuseum Langenselbold, Schloßpark 2, auf Anfrage geöffnet, www.heimatmuseum-langenselbold.de*

Wer noch weiter möchte:

Steinau an der Straße

Jacob und Wilhelm Grimm sind zwar 1785 und '86 in Hanau geboren worden, haben ihre Jugend aber seit 1791 in Steinau verbracht,

Das Brüder-Grimm-Haus in Steinau

wohin der Vater Philipp Wilhelm Grimm zurückgekehrt war. Als landgräflicher Amtmann für Steinau und Schlüchtern wohnte er mit seiner Familie im Amtshaus. Der stattliche Renaissance-Bau mit Fachwerk-Verzierung trägt heute den Namen »Brüder-Grimm-Haus« und ist ein Museum über Leben und Werk der Familie. Im Schloss Steinau sind Stücke aus dem Nachlass der Familie, etwa die Familienbibel und ein Tintenfass von Jacob Grimm, ausgestellt.

➔ *Amtshaus, Brüder-Grimm-Haus, Brüder-Grimm-Straße 80, www.brueder-grimm-haus.de*

➔ *Schloss Steinau, eines der bedeutendsten Renaissanceschlösser Hessens, 16. Jhdt., Innenräume mit Resten feinster Renaissancemalerei, Grimm-Ausstellung, www.schloesser-hessen.de*

Ehrenplatz im Parlament In ihrer Geburtsstadt Hanau erinnert ein Nationaldenkmal auf dem Markplatz an sie. In Steinau haben sie ebenfalls Spuren hinterlassen: **Jacob** und **Wilhelm Grimm**, bekannt vor allem für ihre Märchensammlung sowie für ihre sprach- und literaturwissenschaftliche Forschung. Auch für die Vorgeschichte der Nationalversammlung spielten sie eine wichtige Rolle. In den Jahren 1846 und 1847 fanden in Frankfurt und Lübeck zwei wissenschaftliche Tagungen von Juristen, Historikern und Philologen statt, bei denen Jacob Grimm den Vorsitz hatte. Diese »Germanistenversammlungen« gelten als Vorspiel für die Nationalversammlung. Zahlreiche Teilnehmer wurden später Abgeordnete des Paulskirchenparlaments.

Die Brüder Grimm nahmen am Vorparlament teil. Jacob Grimm zog in die Nationalversammlung ein. »Ich bin für ein freies, einiges Vaterland unter einem mächtigen König, und gegen alle republikanischen Gelüste«, formulierte er seine politischen Ansichten. In  Frankfurt erhielt er einen Ehrenplatz in der ersten Reihe, den er am 25. Mai in der sechsten Sitzung des Parlaments erstmals einnahm. Ende September zog er sich enttäuscht über die Entscheidung der Nationalversammlung, sich mehrheitlich gegen seinen Antrag und für den preußischen Waffenstillstand mit Dänemark, der die deutsche Einigung hintertrieb, zu entscheiden, aus der unmittelbaren Politik zurück. Im gleichen Jahr erschien seine »Geschichte der deutschen Sprache«, die er ebenfalls als Beitrag zur deutschen Einigung verstand.

Ebenfalls sehenswert in der Region:

➡ *Wetterpark Offenbach, 20.000 Quadratmeter großer Lehr- und Erlebnispfad, Am Wetterpark 15, www.wetterpark-offenbach.de*

➡ *Deutsches Ledermuseum Offenbach, Museum für Ledergestaltung mit einzigartigem Sammlungsbestand, Frankfurter Straße 86, www.ledermuseum.de*

➡ *Stangenpyramide, Dreieich, Aussichtspunkt mit markantem Bauwerk, das den Blick auf Frankfurts Skyline eröffnet, Auf der Hub, www.regionalpark-rheinmain.de*

➡ *Brüder Grimm Festspiele, Hanau, jährlich stattfindende Freilichtspiele, www.festspiele-hanau.de*

Route 4
Bis in den Spessart und zum Mainviereck

Route 4
Bis in den Spessart und zum Mainviereck

Aschaffenburg

Provokationen von allen Seiten

Der Spessart war in der Mitte des 19. Jahrhunderts dünn besiedelt. Aschaffenburg zählte als einzige Stadt zwischen Frankfurt und Würzburg mehr als 10.000 Einwohner. Im Gegensatz zur Landbevölkerung fanden sich die Aschaffenburger offenbar leichter damit ab, seit 1814 dem König von Bayern zu unterstehen, der seine Zweitresidenz in der Stadt unterhielt und damit auch die Wirtschaft und Kultur belebte. Wenige Monate vor der Märzrevolution würdigte König Ludwig I. den »biedern, treuen Sinn der Aschaffenburger«. Die französische Juli-Revolution von 1830 ging entsprechend fast spurlos an der Stadt vorüber. Lediglich die Studenten der Forstakademie, 1807 gegründet und in der Revolutionszeit die einzige Einrichtung zur Ausbildung für den höheren Forstdienst im Königreich, kamen zu einem kleinen »Revolte-Fest« zusammen, woraufhin das Institut kurzerhand von 1832 bis 1844 geschlossen wurde.

Anders 1848: Noch bevor sich die Nachricht von der Ausrufung der 2. Französischen Republik am Main verbreitete, kam es zu einem ersten offenen Tumult beim Schützenball, wo die bürgerlichen Kreise der Stadt feierten. Ein Kaufmann machte dort seinem Ärger Luft und stellte zwei besonders verhasste Beamte, den Stadtrechtsdezernenten Wilhelm Konrad Bühler und den Kommandanten der Landwehr, Stephan Kaden, »offen und in heftiger Weise« zur Rede. Daraufhin spielte das Orchester die in bürgerlichen Kreisen verpönte »Française«, so dass sich die Gäste provoziert fühlten. Das Orchester musste aufhören, die beiden Beamten wurden

Platz vor der Stiftsbasilika

hinausgeworfen, es entstand ein heftiges Gerangel, so dass man das Licht löschte und den Ball beendete. »Dieses Wetterleuchten wirkte wie ein Fanal und gab das Zeichen zum Aufstand in den Faschingstagen«, stellt die Heimatpflegerin des Kreises Aschaffenburg Monika Schmittner dazu fest.

Die Faschingstage vom 5. bis 7. März 1848 wurden zur politischen Manifestation. Besonders die Gasthäuser, die auch heute noch das Stadtbild von Aschaffenburg prägen, entwi-

Das frühere Kaffeehaus Seitz

Die Forstakademie um 1850

ckelten sich zu Brutstätten der Revolution. So wurde etwa im **Kaffeehaus Seitz** in der Altstadt, in einer heute eher ruhigen Wohngasse nahe dem Schloss, eifrig politisiert. Allen voran der Besitzer, Schreinermeister und Schankwirt Johann Adam Seitz, war dafür bekannt. Er soll sogar eine frühe Hausbesetzer-Idee propagiert haben: »Wos brauche mir ä Schloß, des wo leer steht? Mir ziehe einei!« schlug er vor und fand begeisterte Zustimmung. Selbst die Geschäftsleute zeigten öffentlich Flagge. Ein Kaufmann ließ sein Geschäftsschild in den Farben Schwarz-Rot-Gold bemalen, ein anderer dekorierte sein Schaufenster damit. Auch unter den arbeitslosen Fabrikarbeitern brodelte es und die Studenten der wiedereröffneten **Forstakademie,** an die heute am Anfang der Alexandrastraße nur noch die Sandkirche als markanter Nachbar erinnert, machten sich über die Obrigkeit lustig, indem sie auf offener Straße ihre Tabakpfeifen rauchten. Der monumentale Bronzekopf eines Hirschs, der einst über dem Eingang der Akademie hing, steht heute vor dem städtischen Forstamt in der Fasanerie.

➡ *Kaffeehaus Seitz, Fürstengasse 1, heute denkmalgeschütztes Wohnhaus*

➡ *Forstakademie, Sandkirche, Alexandrastraße*

Katzenmusik

Am Rosenmontag sorgte das ebenfalls von der revolutionären Bewegung angesteckte Offizierskorps der Aschaffenburger Landwehr dafür, dass sein Kommandant Stephan Kaden, der wegen seiner Denunziationen gefürchtet war, zurücktreten musste. Von diesem raschen Erfolg ermutigt, versammelten sich am Nachmittag etwa 300 Bürger und beschlossen, nun endlich die Entlassung des als bürgerfeindlich verabscheuten Wilhelm Konrad Bühler zu fordern, dem später bei einer Untersuchung sogar von höchster Regierungsseite Bestechlichkeit, Willkür und Grausamkeit attestiert wurden. Vor allem die Mainfischer aus der **Fischergasse** hassten den Stadtrechtsdezernenten, weil sie unterhalb der Mainbrücke nicht fischen durften. Heute verströmt der Eingang der Fischergasse mit den Hotels **Wilder Mann** und **Goldener Karpfen**, den mit rund 500 Jahren ältesten erhaltenen Gasthäusern der Stadt, noch die Atmosphäre damaliger Zeiten, in denen die Bewohner des Fischerviertels ihren Stammtisch und ihre Nachrichtenbörse hatten. Von dort aus zogen sie gemeinsam mit anderen Aschaffenburgern mit einer roten Fahne, einem Hackklotz und einem schweren Beil zum früheren **Rathaus** in der Dalbergstraße 27. Dabei forderten sie die Umstehenden auf, mitzukommen, Bühler werde geköpft. Solche »Katzenmusik« genannten Protestaktionen waren seit dem Mittelalter Brauch und 1848 sehr verbreitet. Sie fanden den Gesuchten allerdings nicht, weil er sich in einem Kleiderschrank versteckt hatte. Die Menge zog weiter vor Bühlers Wohnhaus, **Webergasse 1**, von dem heute mitten in der historischen Altstadt nur noch die Eingangspforte zum Marienstift

In der Gasse lebten die Fischer der Stadt

vorhanden ist. Dort inszenierte die Menge eine symbolische Enthauptung. Der Magistrat suspendierte Bühler daraufhin, wie auch zwei weitere Beamte. Die übrige konservative Stadtregierung entging damit dem Volkszorn. Der Ausbruch gab der Aschaffenburger Bevölkerung aber ein neues Selbstbewusstsein.

➡️ *Fischergasse, Hotels Wilder Mann, Goldener Karpfen*

➡️ *Wohnhaus Wilhelm Konrad Bühlers, Webergasse 1, Pfarrzentrum Marienstift*

Daniel Ernst Müller

Einer der ehemaligen Studenten der Forstakademie, Daniel Ernst Müller, hatte die familieneigene Steingutfabrik in Damm – einem Bauern- und Industriearbeiterdorf, das heute den flächenmäßig größten und einwohnerstärksten Stadtteil Aschaffenburgs ausmacht – übernommen. Müller gehörte von 1839 bis 1849 der bayerischen Zweiten Kammer an und war zeitweise deren Vizepräsident, ab Mai 1848 saß er für den Wahlkreis Unterfranken in der Frankfurter Nationalversammlung. Als sich am 7. März des Jahres in der Ortschaft Damm die Bauern zusammentaten, um mit Sensen und Mistgabeln bewaffnet nach Aschaffenburg zu marschieren und die Aufhebung der Zehntabgaben oder die Freigabe der Wälder für die Holzlese zu erreichen, ermunterte er seine Arbeiter, sie zu unterstützen und ging sogar selbst mit, auch wenn er als Politiker unter »Freiheit« etwas anderes verstand als die bäuerliche Landbevölkerung. Da die Aschaffenburger Bürgerwehr, die das Karlstor nahe

Der Goldene Ochse ist erhalten geblieben

Heute Musikclub, damals Landgericht

der Kapuzinerkirche bewachen sollte, beim Frühschoppen im heute noch erhaltenen **Ochsen** saß, konnten die Demonstranten ungehindert vor das **Landgerichtsgebäude**, der früheren Mainzer Jagdverwaltung, ziehen. Doch Müller und ein weiterer Unternehmer schlugen den Protestierenden vor, eine Petition an die Nationalversammlung in Frankfurt zu richten. Daraufhin gingen die Bauern beschwichtigt nach Hause.

➜ *Zum Goldenen Ochsen, Karlstraße 16, familienbetriebenes Hotel, das Restaurant Oechsle ist vielfach ausgezeichnet.*

➜ *Landgerichtsgebäude, Roßmarkt 19, heute der Musikclub Colos-Saal*

Kampf gegen Dampfschiffe

Die Mainschiffer der Stadt engagierten sich ebenfalls eher aus Angst vor Not und sozialem Abstieg denn aus politischem Interesse und kämpften vor allem gegen den Fortschritt, statt für die Revolution. Das traditionelle Schifffahrtsgewerbe – der Fluss wurde seit jeher als Transportweg für Menschen und Güter genutzt, weil er leichter zu befahren war als die schlechten über Berg und Tal verlaufenden Straßen – sah sich vor allem durch die Dampfschifffahrt bedroht. Eine Aschaffenburger Spezialität der Mainschiffer waren nächtliche Fahrten nach Frankfurt zu günstigen Tarifen, die soge-

Am Schloss landeten die Dampfschiffe

nannten »Nachtschelchen«. Die Fahrgäste fuhren abends los und kamen frühmorgens in Frankfurt an, erledigten dort ihre Geschäfte und wanderten mittags zu Fuß zurück. Per Dampfschiff ging es wesentlich schneller und bequemer und es war vor allem möglich, mainaufwärts zurückzufahren. Das Einkommen der Schiffer verschlechterte sich zusehends. Für viele war das der Grund, sich an den Tumulten am Faschingsdienstag, dem 7. März 1848, zu beteiligen. Sie zogen zum **Landeplatz der Dampfschiffe**. Nur die Polizei konnte verhindern, dass sie ihn und die dort liegenden Schiffe zerstörten. Von diesem Tag an musste ein Freicorps der Forststudenten – die anfangs revolutionären Studenten der Forstakademie hatten sich auf die Seite der Obrigkeit gestellt und sich zu einem Freikorps zusammengeschlossen – nächtliche Patrouillen gehen, damit die Schiffe am Morgen störungsfrei abfahren konnten.

➲ *Landeplatz der Maindampfer, Mainufer zwischen Schloss Johannisburg und Willigisbrücke*

Sommerfrische

Während in München bereits im August 1847 die Zeichen auf Revolution standen, genoss König Ludwig I. mit Frau und Tochter die (auch politische) Ruhe in Aschaffenburg. Bayerns König verbrachte in seinen knapp 24 Regierungsjahren von 1825 bis 1848 insgesamt zehn Sommer in dem eindrucksvollen **Renaissanceschloss** aus rotem Sandstein. Die Aschaf-

fenburger gaben sich große Mühe, die Majestäten zu unterhalten, sie feierten rauschende Feste und veranstalteten für sie große Wasserfahrten auf dem Main. Die Begeisterung ist sicher auch als Ausdruck der Zustimmung vieler Aschaffenburger zu dem streng monarchistischen bayerischen Staatswesen zu sehen. Aus dem Turmzimmer im Schloss korrespondierte der König seit 1847 mit seiner berühmten Mätresse Lola Montez und stellte

Ludwig I. ließ das Pompejanum bauen

ihr schließlich das Adelsdiplom aus, das sie in den Gräfinnen-, ihn aber durch eine Staatskrise unfreiwillig in den Ruhestand beförderte. Zwischen 1840 und 1848 hatte er am Hochufer des Mains das **Pompejanum** errichten lassen, den idealen Nachbau einer römischen Villa. Sie war Zeugnis der Antikenbegeisterung des 19. Jahrhunderts. Seit 1994 werden darin Kunstwerke aus der Staatlichen Antikensammlung und Glyptothek in München präsentiert. Durch den mediterran angelegten Garten, der in den Schlossgarten mündet, lässt es sich herrlich flanieren.

→ *Schloss Johannisburg, Schlossplatz 4, 63739 Aschaffenburg*

➜ *Pompejanum, Pompejanumstraße 5, 63739 Aschaffenburg,*
www.tourist-aschaffenburg.de

Drei Fragen an Dr. Monika Schmittner, Heimatpflegerin des Landkreises Aschaffenburg

Das nahegelegene Hanau war eine der Hochburgen der revolutionären Bewegung. Ließen sich die Aschaffenburger davon anstecken?

Im März 1848 gründete sich der »Turnverein Aschaffenburg«. Der kleine, aber virulente Verein pflegte schon früh enge Kontakte zur Hanauer Turner- und Arbeiterwehr und unterstützte die revolutionäre Turnerbewegung tatkräftig. Schon bald wurden die Mitglieder des Aschaffenburger Turnvereins wegen ihrer offen gezeigten demokratischen Gesinnung von den reaktionären Ordnungskräften überwacht und verfolgt. Ihre Versammlungen konnten nur noch im Geheimen stattfinden. Die ständigen Repressalien führten ab 1849 zu einem Mitgliederschwund. Schon lange vor dem Marsch der Hanauer Turnerwehr nach Baden im Juni 1849 hatte sich der politische Wind nicht nur in Aschaffenburg bereits gedreht. Das revolutionäre Feuer war erloschen. In Miltenberg da-

Dr. Monika Schmittner

gegen wurde die Hanauer Turnerwehr mit Böllerschüssen und tausendfachen Vivat-Rufen begeistert empfangen und von der Bevölkerung verköstigt.

Was war die Besonderheit der Revolution am bayerischen Untermain?

Aschaffenburg und sein Umland waren erst 1814 der bayerischen Krone – ohne Mitspracherecht – einverleibt worden. Geografisch und mental jedoch war der bayerische Untermain dem Rhein-Main-Gebiet wesentlich näher als der Landeshauptstadt München. Die Menschen fühlten sich hier in jeder Beziehung behandelt wie das »letzte Haar am Schwanz des bayerischen Löwen«. Groß- und Kleinbürger, die bürgerliche Intelligenz, Lehrer, der gewerbliche Mittelstand, Bauern und soziale Unterschichten unterstützten die revolutionäre Bewegung, jede auf ihre Art. 1848 galt die Stadt Aschaffenburg den bayerischen Ordnungsbehörden als »Unruheherd erster Ordnung«.

Können wir heute von den Revolutionären noch etwas lernen. Und wenn ja, was?

Freiheit, Menschenrechte und Demokratie mussten lange, hart und schwer erkämpft werden. Diese Werte dürfen deshalb nicht nur passiv akzeptiert werden: Sie erfordern ständige Sensibilität, Zivilcourage und eine aktive Einmischung in die politischen Verhältnisse, und sie müssen notfalls auch verteidigt werden. Freiheit und Demokratie gibt es nicht zum Nulltarif. Permanente Wachsamkeit ist der Preis der Freiheit.

Wörth am Main

Marsch nach Kleinheubach

Die Stadt war lange geprägt vom Schiffbau und der Fluss-Schifffahrt. Noch heute gibt das **Schifffahrts- und Schiffbaumuseum**, seit 1991 in der früheren Wolfgangskirche beheimatet, Auskunft über die Geschichte. Etwa die Hälfte der rund 1.500 Einwohner lebte in der ersten Hälfte des 19. Jahrhunderts von »schiffsnahen« Berufen. Die Konkurrenz durch die Dampfschifffahrt, aber auch die Eisenbahn sorgte daher für wirtschaftliche Schwierigkeiten. Mit dem

Blick in die Altstadt von Wörth

Museum in der Wolfgangskirche

Anschluss an das Königreich Bayern hatte die Stadt zuvor bereits ihre politische Bedeutung und ihre Absatzmärkte im Odenwald verloren. Um die Steuerlast zu reduzieren, beschloss die Gemeindevertretung 1833 sogar auf die Stadtrechte zu verzichten. Befördert von Missernten und den Hungerwintern der 1840er Jahre wuchs der Unmut in der Bevölkerung.

Zu den liberalen Bürgern Wörths zählte der aus Würzburg stammende Arzt Dr. Semm, ein spottlustiger Mann, der radikaldemokratisch dachte. Gemeinsam mit dem ebenfalls liberalen Lehrer Günder besuchte er Anfang März eine Zusammenkunft im Gasthof Wilder Mann, bei der auf Kosten der Stadtkasse – die Rechnung ist erhalten – »413 Maas Apfelwein« geleert wurden. Nachdem man sich Mut angetrunken hatte, beschloss man, nach Kleinheubach zu ziehen, wo das Fürstenhaus Löwenstein-Wertheim residierte, dem auch Wörth unterstand. Man zog bis vor das **Herrschaftsgericht** und erhoffte sich, dass sich die dortigen Bewohner dem Aufstand anschließen würden. Doch diese lachten die Protestierenden aus und schickten sie zurück nach Hause. Der König beorderte Truppen in die Stadt und Umgebung und unterdrückte damit jegliche revolutionäre Bewegung.

→ *Schifffahrts- und Schiffbaumuseum Wörth am Main, Rathausstraße 72, www.schifffahrtsmuseum-woerth.de*

→ *Historisches Rathaus, aus dem Jahr 1601, mit Markthalle im Erdgeschoss, heute Bürgerhaus und seit 2004 Römermuseum, Rathausstraße 42*

Kleinheubach

Politische Karikaturen

Nicht alle landwirtschaftlich geprägten Ortschaften im Mainviereck hingen offenbar der Revolution an. Die Kleinheubacher traten den Wörthern und Trennfurtern entgegen, als diese das Herrschaftsgericht stürmen wollten. Gleichzeitig aber nutzten sie die Gunst der Stunde und die Furcht der Fürsten vor einer Radikalisierung, indem sie als Preis für ihre Loyalität finanzielle Erleichterungen durchsetzten. Auch in der Folge nahm der Adel es weitgehend widerstandslos hin, dass im Frühjahr und Sommer 1848 in Bayern viele Privilegien, wie die Gerichtshoheit, Fronlasten, Eigentumsbeschränkungen, abgeschafft wurden. Die Bauern, die eher lokal beschränkt kämpften statt politische Ziele zu verfolgen, dürften daher die bleibenden Nutznießer der ansonsten gescheiterten Revolution gewesen sein.

Völkers Karikatur zeigt den Septemberaufstand 1848 in Frankfurt

Schloss Löwenstein

Einer der bekanntesten Bürger dieser Zeit war der Maler und Karikaturist **Johann Wilhelm Völker**, der am 11. Dezember 1811 in Kleinheubach geboren wurde. Völker studierte an der Akademie der Bildenden Künste in München, gefördert unter anderem von Fürst Karl Thomas zu Löwenstein-Wertheim-Rosenberg. Als im April 1848 die Pressezensur kurzfristig aufgehoben wurde, reiste Völker nach Frankfurt und fertigte dort mehr als 30 Karikaturen von Abgeordneten und Szenerien der Paulskirche für einen Kunstverlag an, die unter anderem in der Zeitschrift »Der Satyr« veröffentlicht wurden. 1849 kehrte er nach Kleinheubach zurück und arbeitete am Hof des Fürsten als Zeichenlehrer. Mehrere Gemälde von ihm sind im Bestand des Grafschaftsmuseums Wertheim.

Das **Schloss Löwenstein, erbaut ab 1725 vom gleichnamigen Fürstenhaus,** ist ein bedeutendes Schloss des Spätbarocks. Der damals dort residierende Konstantin, Sohn des Karl Thomas zu Löwenstein-Wertheim-Rosenberg, vertrat gegenüber dem Deutschen Bund vehement die Belange der Mitglieder der hochadeligen Häuser und galt als entschiedener Gegner des Liberalismus. Heute ist das Schloss Tagungsstätte, Sitz des Weinguts Fürst Löwenstein und zum Teil von der Fürstlichen Familie bewohnt. Der 16 Hektar große Park ist öffentlich zugänglich.

➔ *Herrschaftsgericht des Fürstenhauses Löwenstein-Wertheim, Hauptstraße 21, Kleinheubach*

➔ *Schloss Löwenstein, Schlosspark 1, www.kleinheubach.de/kultur/schloss*

Außerdem sehenswert:

Großheubach

Die Grablege des Fürstenhauses zu Löwenstein-Wertheim-Rosenberg ist seit 1724 das **Kloster Engelberg** bei Großheubach. Von dort führen 612 steinerne Stufen, die sogenannten »Engelsstaffeln« hinauf zum Gotteshaus (heute aber auch eine Straße). 1840 ließ der Fürst auf dem Klosterareal eine separate Gruftkapelle errichten, die bis heute als Familiengrablege dient. Das Franziskanerkloster auf dem markanten Engelberg, von dem aus man einen schönen Blick auf den Main hat, ist heute ein beliebtes Touristen- und Pilgerziel. Bekannt ist es vor allem wegen seines dunklen Bieres aus Holzfässern, das in der Klosterschänke ausgeschenkt wird.

➔ *Kloster Engelberg, Kloster Engelberg 1, www.franziskaner-engelberg.de*

Miltenberg

Protest aller Schichten

Heute ist die Stadt mit ihren prächtigen mittelalterlichen Fachwerkhäusern ein Anziehungspunkt für Besucher. Schon im 18. Jahrhundert war Miltenberg als eine der bedeutendsten Städte des

Blick auf Miltenberg und St. Jakobus

Kurfürstentums Mainz zentraler Umschlagplatz und Kommunikationsknoten. Doch seit der Angliederung an das Königreich Bayern war der 2.500-Einwohner-Ort plötzlich an drei Seiten von Grenzen umgeben. Handel und Schifffahrt verschwanden fast gänzlich, die Blütezeit des Weinbaus war vorüber, so dass der wirtschaftliche Niedergang Nährboden für revolutionäre Ideen wurde. In den Faschingstagen zogen junge Miltenberger – Handwerker ebenso wie kleine Kaufleute und die Schiffer – durch die

> »Ein freies Leben führen wir
> Ein Leben voller Wonne
> Der Wald ist unser Nachtquartier
> Bei Sturm und Wind hantieren wir
> Der Mond ist unsre Sonne«
>
> *Friedrich Schiller, Der Räuber*

Straßen und skandierten lautstark den von der Obrigkeit verbotenen Freiheitsgesang Friedrich Schillers aus »Die Räuber«. Auch die liberale städtische Oberschicht beteiligte sich an der Revolution. Zunächst versuchte sie es friedlich. Eine Bürgerversamm-

Das alte Rathaus um 1848 ...   ... und heute

lung formulierte am Aschermittwoch, dem 8. März 1848, eine Liste mit Forderungen, etwa der Streichung von feudalen Abgaben an den Fürsten Karl Emich von Leiningen – einen der größten Standesherren mit Sitz im nahegelegenen Amorbach, Halbbruder der englischen Königin Victoria und bis September 1848 Ministerpräsident der provisorischen Reichsregierung in der Paulskirche. Er unterhielt ein eigenes **Rentamt**, also ein Finanzamt, in der früheren Domkellerei. Gefordert wurde in der Liste, die im heute noch erhaltenen **Rathaus** präsentiert wurde, auch die Rückgabe der Jagdverpachtungen im Stadtwald an die Kommune.

➜ *Fürstliches Rentamt, Hauptstraße 34, Alte Domkellerei, heute Städtische Musikschule*

➜ *Altes Rathaus, Hauptstraße 137, heute als Veranstaltungsort genutzt*

Eine Tafel erinnert heute an das alte Gasthaus

Platz vor dem Museum der Stadt

Tumulte trugen Früchte

Doch schon einen Abend später, am 9. März, kam es zu »tumultuarischen Excessen«. Um die 50 Revolutionäre, die sich zuvor offenbar im Gasthaus **Zum Weißen Löwen** ordentlich Mut angetrunken hatten, zogen mit Äxten und brennenden Fackeln zum **Maindampferkai**, der Anlegestelle der Dampfschifffahrtsgesellschaft. Sie schlugen dort den wachhabenden Brückenknecht nieder und begannen, die Landungsbrücke abzureißen und die Reste in Brand zu setzen. Dann zog die Menge »Freiheit und Gleichheit« skandierend weiter zum Haus des verhassten Revierförsters Dr. Philipp Madler. Denn das Jagdprivileg des Adels verbot den Menschen, Brennholz im herrschaftlichen Wald zu sammeln oder auf dem eigenen Acker Wild zu schießen, selbst wenn es schwere Schäden verursachte. Zunächst steckte die Menge die Scheune in Brand. Als das Feuer nicht wie erwartet auf das Jägerhaus übergriff, steckte man vor einer großen

Masse an Zuschauern auch dieses an. Den gesuchten Revierförster fand man dabei nicht, er war gewarnt worden und nach Bürgstadt geflohen. Die von ihm alarmierte Landwehr griff nicht ein.

Sie verhinderte aber, dass auch noch das fürstliche Rentamtsgebäude in Flammen aufging. Einige der Revolutionäre lieferten sich daraufhin ein Handgemenge mit den Landwehrtruppe. Sie flohen erst, als diese in die Luft schossen. Wenige Monate später liefen aber auch die Soldaten der Wehr geschlossen zur Freiheitsbewegung über. Die Tatsache, dass der Revierförster Madler am nächsten Tag vom Magistrat aus der Stadt gewiesen und schließlich zeitweise in den Ruhestand versetzt wurde, zeigt, dass in Mil-

»Bürger! Die gestrigen Ereignisse müssen das Herz eines jeden edel gesinnten Bürgers betrüben, da solche Vorfälle nirgends die stattgehabten Fortschritte begleitet haben. Solche Schritte, die die Gefahr der Person, die Sicherheit des Eigentums bedrohen, sind zu jetziger Zeit nicht nöthig, um die Zugeständnisse zu erringen, welche die lange ersehnte Freiheit begründen.«

Aufruf an die Bürger der Stadt Miltenberg vom 10. März 1848

tenberg die Revolution durchaus Früchte trug, auch wenn der Fürst als Antwort auf die Petition der Bürger ein Kommando des 12. Infanterie-Regiments aus Würzburg in Miltenberg einquartierte.

→ *Zum Weißen Löwen, Gasthaus seit 1664, heute das Bürogebäude des Brauhauses Faust, Hauptstraße 219. Die Brauerfamilie Faust führt u.a. das Haus Zum Riesen, das vermutlich älteste Gasthaus Deutschlands, Hauptstraße 99, www.riesen-miltenberg.de*

→ *Anlegestelle der Dampfschiffe, Mainufer auf Höhe der Ziegelgasse*

→ *Museum Stadt Miltenberg, Hauptstraße 169–175, www.museum-miltenberg.de*

Märzverein

Parallel zu den Unruhen organisierten sich die Demokraten. Bereits am selben Abend wandelten Mitglieder der 1839 als Sammelbecken demokratischer Ideen entstandenen Schützengesellschaft diese im Gasthaus **Zum Weißen Löwen** in den »Märzverein« um.

Bis Mai fanden regelmäßig Bürgerversammlungen im Schützengarten statt. Lokale Anführer, wie der Vorsitzende, der praktische Arzt Dr. Jakob Noethig, aber auch weitere Großkaufleute waren Mitglieder des Vereins und besuchten den Schützengarten täglich. Dank ihres Einflusses im städtischen Magistrat – seit 1848 stellten die Demokraten fast die Hälfte der Bevollmächtigten – entwickelte sich der Märzverein zur politischen Schaltzentrale für das gesamte Umland und setzte sich für die Loslösung vom Leiningen'schen Herrschaftsgericht ein. Man verbreitete aufrührerische Flugschriften und Plakate. Der Verein war allerdings kein Freund handgreiflicher Auseinandersetzungen.

Grabstein Dr. Jakob Noethig

Er forderte sogar eine eigene Bürgerwehr, um die Wiederholung der Krawalle vom 9. März zu verhindern und das einquartierte Militär wieder loszuwerden. Als Fürst Karl zu Leiningen am 6. August 1848 zum Ministerpräsidenten der provisorischen Reichsregierung ernannt wurde, feierten die Miltenberger mit, in der Hoffnung auf ein einiges Reich. Die Schützengesellschaft und weitere Vereine luden zum Fest auf den Schießplatz. Dort traten 204 Landwehrmänner, geschmückt mit den Farben Schwarz-Rot-Gold, an.

Doch ihre Hoffnungen wurden enttäuscht. Nach der Auflösung der Nationalversammlung zogen im Mai 1849 Vertreter des Deutschen Rumpfparlaments auf dem Weg nach Stuttgart durch Miltenberg. Sie wurden im Schützengarten festlich empfangen. Ähnliches erlebten rund 400 revolutionäre Turner aus Hanau, die nach Baden zogen. Der Märzverein sammelte sogar Brot und Schinken für sie. Jakob Noethig schloss sich mit seinem 10-jährigen Sohn und seiner 20-jährigen Tochter Marie den Anhängern des badischen Aufstandes an. Er hatte einige Wochen zuvor vergeblich versucht, die Waffenkammer im Miltenberger Rathaus öffnen zu lassen, um das Volk zu bewaffnen. Noethig wurde dafür später der Prozess gemacht. Sein **Grabstein** steht heute stark verwittert auf dem sehenswerten historischen Laurentius-Friedhof. Die Regierung verlor schließlich im Juli 1849 die Geduld mit den rebellischen Miltenbergern. Sie schickte 600 Mann Militär in die Stadt. Doch die Miltenberger Demokraten blieben auch nach dem Scheitern der Revolution einflussreich.

➲ *Grabstein Dr. Jakob Noethig, Laurentius-Friedhof, Laurentiusstraße 3, vom Haupteingang rechts halten, rechte Seite am Ende*

Mediziner und Freigeist Der 1797 geborene Arzt **Dr. Jakob Noethig** galt als trinkfest und rauflustig. Sein Vater war hochgeachteter Amtsarzt in Miltenberg gewesen. Auch Jakob Noethig studierte Medizin in Gießen, Landshut, Wien und Würzburg. Er war zunächst als praktischer Arzt in Großostheim tätig, bis er sich 1823 in Miltenberg niederließ. Dort

bewarb er sich 1828 um die Stelle als Amtsarzt. Doch der Fürst von Leiningen vergab den Posten an einen anderen. Daraufhin entwickelte er sich zum erbittertsten Kämpfer gegen die fürstlichen Sonderrechte und ging privat immer wieder im fürstlichen Revier wildern, obwohl seine Familie zu den reichsten der Stadt zählte. Als einer der Anführer der 1848er Bewegung wurde er nach dem 9. März verhaftet, kam aber dank der Amnestie des Königs im April wieder frei. Erst 1852 wurde er wegen Hochverrats angeklagt, konnte aber nach Amerika fliehen. In Abwesenheit wurde er zu fünf Jahren verschärfter Festungshaft verurteilt. Er kehrte 1853 nach Europa zurück, wurde in Erbach entdeckt, verhaftet und musste in Würzburg seine Strafe absitzen. Nach drei Jahren wurde er begnadigt und konnte 1866 bei einem Choleraausbruch wieder als Arzt in Miltenberg arbeiten. Er starb mit 76 Jahren am 18. März 1873. Nach ihm ist in Miltenberg heute eine Straße benannt.

Ein weiterer Revolutionär hatte ebenfalls Kontakte in die Stadt: der Führer der badischen Liberalen, Johann Adam Itzstein (siehe S. 200). Der gebürtige Mainzer begann seine berufliche Laufbahn in der Verwaltung des Klosters Amorbach und wechselte 1803 als Stadtvogt in die Dienste des Fürsten zu Leiningen. Sein **Dienstgebäude** stand am Ende der Schulstraße neben dem Speichtor. Er pflegte offenbar Freundschaften mit demokratisch gesinnten

Miltenbergern, von denen drei Herren kurz vor der Bürgerversammlung im März 1848 zu Besuch im Rheingau waren, dort, wo Itzstein in Hallgarten seinen Kreis von Demokraten versammelte.

➡ *Dienstgebäude Johann Adam Itzsteins, Schulstraße, später Lateinschule*

Wertheim

»Die Zeit des »Biedermeier« zwischen 1815 und 1848 erscheint nur an der Oberfläche als eine beschauliche Zeit, in der die Spießbürger Pfeife rauchend hinterm Ofen sitzen. In Wirklichkeit gehört diese Epoche – gerade in Miltenberg – zu den aufregendsten und wichtigsten Perioden unserer Geschichte, auf die wir wirklich stolz sein können.«

Wilhelm Otto Keller, Miltenberger Historiker

Festzug

Die Wertheimer **Burg** ist eine der größten und schönsten Steinburgruinen Deutschlands und ein beliebtes Ausflugsziel. Zu ihren Füßen liegt die Altstadt mit vielen historischen Fachwerkhäusern, teilwei-

Die Burg Wertheim thront über der Stadt

Altes Rathaus und Grafschaftsmuseum

se aus dem 16. Jahrhundert. Das **Alte Rathaus**, in dem heute das Grafschaftsmuseum residiert, und der **Löwensteiner Hof** waren Schauplatz der Freiheitsbewegung von 1848 in der Stadt, die damals zum Großherzogtum Baden gehörte. Am 2. März des Jahres zog anlässlich der neu errungenen Rechte wie Pressefreiheit und Volksbewaffnung ein Festumzug durch die Stadt. Es ging zum Rathaus und von dort unter Begleitung des damaligen Bürgermeisters Ludwig Haas und eines Großteils des Gemeinderates zum Löwensteiner Hof, wo etliche Reden gehalten wurden.

➡ *Burg Wertheim, Schlossgasse 11, www.burgwertheim.de, mit Burgrestaurant*

➡ *Altes Rathaus, Renaissancegebäude, Rathausgasse 10, www.grafschaftsmuseum.de*

➡ *Löwensteiner Hof, heute Hotel, Neuplatz 1, www.hotelloewensteinerhof.de*

Am 4. April 1848 brachten Wertheimer Bürger am **Spitzen Turm** eine schwarz-rot-goldene Fahne an, die von überall in der Stadt sichtbar war. Im April stellten sie eine Bürgerwehr auf, die schließlich 500 Mann zu Fuß sowie 20 zu Pferd umfasste. Anfangs konnten diese allerdings nur exerzieren, da sie die Waffen selbst finanzieren mussten. An ihrer Spitze stand Erbprinz Adolf zu Löwenstein-Wert-

Den Spitzen Turm schmückte damals eine Fahne in Schwarz-Rot-Gold

heim-Freudenberg, unter dessen Befehl die Bürgerwehr am 6. August auf dem **Marktplatz**, der heute noch ähnlich aussieht wie damals, aufmarschierte. Dort verlas der Erbprinz das Manifest »An das deutsche Volk« von Erzherzog Johann von Österreich, dem von der Nationalversammlung als vorläufiges Staatsoberhaupt eingesetzten Reichsverweser.

➡ *Spitzer Turm, Wachturm, 13. Jahrhundert, Rechte Tauberstraße/Ecke Mainplatz*

Krawallschachtel

Im Herbst entstanden mehrere politische Vereine, etwa der Arbeiterbildungsverein, und am 27. Oktober, bei einer Zusammenkunft im Gasthaus **Ochsen,** der demokratisch orientierte Volksverein, der regen Zulauf erhielt. Im Ochsen trafen sich aber nicht nur Gleichgesinnte. Das Gasthaus trug wegen der heftigen Meinungsverschiedenheiten, die dort ausgetragen wurden, den Spitznamen »Krawallschachtel«. Die Bürgermeister Wertheims und an-

Gasthaus Zum Ochsen

derer Gemeinden lagen zudem im Streit mit dem Fürsten, weil sie ihn gebeten hatten, einige alte Abgaben zu erlassen. Seine Antwort soll laut dem von Niklas Müller herausgegebenen demokratischen Main- und Tauberboten gelautet haben: »Ja, Ja! Ihr bekommt nichts. Der Fürst Löwenstein scheißt nicht in die Hosen!« Heute wird im Ochsen gemütlich und fränkisch gespeist, mit Ochsenbratwurst & Co.

➔ *Gasthaus Zum Ochsen, Marktplatz 7, www.facebook.com/zum.ochsen.wertheim*

Die Gegner der Demokratiebewegung waren in Wertheim ebenfalls nicht untätig. Auf dem **Marktplatz** fanden sich am 20. Mai 1849 etwa 9.000 bis 10.000 Menschen zusammen, die der Vaterländische Verein, quasi die Gegenbewegung zum demokratischen Volksverein, zusammengerufen hatte. Man beschloss dort, die provisorische Regierung in Baden anzuerkennen. Der Volksverein gründete dagegen gemeinsam mit dem Turn- und dem Arbeiterverein ein Freikorps, um die Revolutionstruppen zu unterstützen. Es bestand allerdings nicht sehr lange. Am 16. und 17. Juli besetzten preußische Truppen Wertheim. Der Volksverein wurde aufgelöst, etliche Bürger als Revolutionäre verhaftet.

➔ *Historischer Marktplatz, umgeben von denkmalgeschützten Fachwerkhäusern*

Der Marktplatz heute

Der Verleger 1843 kaufte der gebürtig aus Langenau bei Ulm stammende **Niklas Müller** die Buchdruckerei in Wertheim. Er war zuvor Drucker bei Cotta gewesen und mit Gedichten unter dem Titel »Lieder« zum Thema Natur, Liebe und seinen Reiseerlebnissen bekannt geworden. In seiner Druckerei in Wertheim gab er unter anderem den Main- und Tauberboten, den Vorgänger der Wertheimer Zeitung, heraus, der demokratisches Gedankengut verbreitete. Er korrespondierte mit Größen wie Ludwig Uhland und wurde 1848 Abgeordneter in der Konstituierenden Versammlung der badischen Republik. Als er vor dem Gefängnis in die Schweiz fliehen musste, konnte seine Frau die Druckerei verkaufen und Teile seines

Vermögens retten. So gingen beide 1853 nach New York, wo er wieder eine Druckerei aufbaute. Er starb 1875, kurz bevor er nach Deutschland zurückkehren konnte.

Wer noch weiter möchte:

Laufach

Heute steht an der Wiese eine **Informationstafel.** Am Ostermontag, dem 9. April 1849, streifte die deutsche Geschichte das kleine Dorf **Frohnhofen**, heute ein Ortsteil von Laufach. Nachdem im Januar des Jahres der bayerische Landtag die in der Paulskirche formulierte Verfassung angenommen hatte, musste König Maximilian II. ihr zustimmen. Um ihn dazu zu bewegen, fanden überall in Bayern Versammlungen statt. In Frohnhofen organisierte Kilian Müller, Bauer und Besitzer der örtlichen **Brauerei** sowie späterer Abgeordneter des bayerischen Landtags, eine solche auf einer Wiese südlich des Ortes, zu der etwa 3.000 Menschen kamen. Sie übertraf alles bisher Dagewesene. Ein Tross mit linken Abgeordneten des Paulskirchenparlaments reiste, angeführt von einem mit schwarz-rot-goldenen Fahnen geschmückten Wagen der Aschaffenburger Turngemeinde von dort an. Die Aschaffenburger Zeitung berichtete euphorisch: »Tausende von demokratischen Männern, Frauen und Kindern, in festlichen Gewändern und mit freudestrah-

Rund 3.000 Menschen kamen zur Volksversammlung

lenden Gesichtern« hätten dem Zug am Wegesrand zugejubelt. Böllerschüsse begrüßten die prominenten Gäste. Der Volksverein Aschaffenburg führte ein satirisches »Spektakelstück« mit dem Titel »Die große Volksversammlung zu Fronhofen oder die verkappte rothe Republik« auf. Im Freudentaumel und unter Musikbegleitung zogen die Vorkämpfer zurück nach Aschaffenburg. Doch der König ließ sich nicht beeindrucken und lehnte die Annahme der Reichsverfassung ab. In Frohnhofen erinnert heute die Kilian-Müller-Straße an den Revolutionär.

➔ *Informationstafel auf der Wiese, Steigerer Weg 10, an der Festhalle, einer der Orte des Europäischen Kulturweges »Revolution und Bruderkrieg«*

➔ *Zum Altes Brauhaus, Besitzer damals Kilian Müller, Aschaffenburger Straße 3*

Ebenfalls sehenswert in der Region:

➔ *Aschaffenburg, Stiftsbasilika St. Peter und Alexander, älteste Kirche der Stadt aus dem 10. Jahrhundert, mit Werk von Matthias Grünewald, die »Beweinung Christi«, www.st-martin-aschaffenburg.de*

➔ *Aschaffenburg, Ernst-Ludwig-Kirchner-Haus, Museum und Geburtshaus des bekannten expressionistischen Malers, www.kirchnerhaus.com*

➔ *Aschaffenburg, Christian Schad Museum, weltweit der einzige Standort, der alle Schaffensperioden präsentiert, www.museen-aschaffenburg.de*

➔ *Schloss Mespelbrunn, Wasserschloss, www.schloss-mespelbrunn.de*

➔ *Lohr am Main, Spessartmuseum, www.lohr.de*

Route 5
Von Darmstadt bis zur Bergstraße

Route 5
Von Darmstadt bis zur Bergstraße

Darmstadt

Regierungssitz

Die Haupt- und Residenzstadt des Großherzogtums Hessen-Darmstadt war Sitz der höchsten Staatsbehörden, die im **Kollegiengebäude** am Luisenplatz untergebracht waren, das heute, wieder aufgebaut, Sitz des Regierungspräsidiums ist. Entsprechend hatte Darmstadt damals den Ruf einer Beamten- und Pensionärsstadt. Sie war mit Residenzschloss, Museum, Hofbibliothek und Opernhaus auch optisch geprägt vom lange absolutistisch geführten Fürstenstaat. 1820 erst setzte Großherzog Ludwig I. auf massiven Druck aus der Bevölkerung eine landesständische Verfassung ein, wie es der Deutsche Bund verlangt hatte. Die **Landstände von Hessen-Darmstadt** tagten ab 1839 im **Prinz-Christian-Palais** am Luisenplatz, dort, wo nach der Zerstörung 1944 heute die Sparkasse Darmstadt ihren Hauptsitz hat. Eine Plakette erinnert an den Sitz des Landtages.

Politische Aktivitäten spielten sich in den 1830er Jahren im Süden Hessens vor allem in Kreisen liberaler Bürger und Beamter ab. Die Masse der Bevölkerung lebte in Dörfern und Kleinstädten und schloss sich auch hier vor allem zusammen, um die eigene Situation zu verbessern. Georg Büchner stellte sich auf ihre Seite und forderte Bauern und Handwerker in seiner Revolutionsschrift, dem »Hessischen Landboten«, dazu auf: »Geht einmal nach Darmstadt und seht, wie die Herren sich für euer Geld dort lustig machen.« Die Aufbruchstimmung des Vormärz erfasste schließlich auch die Stadt. Großherzog Ludwig II. ließ daraufhin 1841–1844 ein Denkmal für seinen Vater, Ludwig I., auf dem Luisenplatz errichten, heute bekannt als **Langer Ludwig** und eines der Wahrzeichen der Stadt. Seine Absicht, mit solch nostalgischen Appellen an seinen Vater die revolutionären Ideen zu ersticken, scheiterte, allein schon, weil man mit dem Denkmal den Großherzog so hoch über das Volk erhob, dass die Verfassungsurkunde in seiner Hand kaum noch zu sehen war. Zugleich wurden Oppositionelle und kritische Geister wie Georg Büchner und Friedrich Ludwig Weidig brutal verfolgt.

Der Lange Ludwig, Wahrzeichen der Stadt

1848 sprang schließlich der Funke aus Frankreich über. Volksversammlungen mit Tausenden von Menschen sorgten für entsprechenden Druck. Odenwälder Bauern zogen massenweise durch Darmstadt. Die oppositionellen Liberalen um Heinrich von Gagern (siehe S. 31) konnten daraufhin weitreichende politische Zugeständnisse erwirken, wie die Presse- und Versammlungsfreiheit und das Recht auf Volksbewaffnung. Der durch Alter und Krankheit fast handlungsunfähige Ludwig II. sah sich gezwungen, seinen Sohn mit in die Regierung zu holen und seinen Ministerpräsidenten du Thil zu entlassen. Dessen Nachfolger und zugleich Innen- und Außenminister wurde von Gagern selbst. Er übte das Amt aber nicht einmal drei Monate lang aus, dann zog er für Zwingenberg in die Nationalversammlung ein.

- *Kollegiengebäude, Luisenplatz, heute Sitz des Regierungspräsidiums*
- *Prinz-Christian-Palais, Luisenplatz, heute Sparkasse Darmstadt, Plakette*
- *Langer Ludwig, Luisenplatz*

Eine Mauer und ein Arresthaus

Ausgerechnet eine **Mauer**, eher ein Symbol der Unfreiheit, erinnert in Darmstadt an den Schriftsteller und Revolutionär **Georg Büchner**. Sie steht an der westlichen Grundstücksgrenze des Hauses Grafenstraße 39 und ist das einzige, was von seinen Lebensstationen in der Stadt geblieben ist. Versteckt in einem Hinterhof mit Parkplatz und von Blättern überwuchert ist die Gedenktafel heute kaum noch zu erkennen. Im Alter von drei Jahren war Büchner mit seiner Familie nach Darmstadt gezogen, zunächst in eine Dienstwohnung in der Hospitalstraße (heute Grafenstraße), nahe dem Städtischen Krankenhaus, wo sein Vater als Chirurg arbeitete. 1819 zogen sie an den Marktplatz, 1821/22 bis 1825 an den

Zwei Tafeln erinnern am früheren Wohnhaus Georg Büchners an den Dichter

heutigen Ludwigsplatz. Dann kauften die Eltern das »geräumige Haus« in der Grafenstraße 39. Dort im Hinterhaus schrieb Büchner 1835 in nur fünf Wochen das Drama »Dantons Tod«, das vom Scheitern der Französischen Revolution und der Machtwillkür handelt. Damals kursierte im Land bereits seine revolutionäre Flugschrift, der Hessische Landbote, und er musste, von den Polizeitruppen des Deutschen Bundes ausgespäht, jeden Augenblick damit rechnen, verhaftet zu werden. Deshalb soll wochenlang eine Leiter an der Gartenmauer gestanden haben, damit er im Ernstfall rasch würde entkommen können. Doch sie blieb unbenutzt. Die Polizei kam nicht bei Nacht, sondern bestellte ihn offiziell ein. So konnte er rechtzeitig nach Straßburg fliehen. Das Haus wurde im Zweiten Weltkrieg zerstört und danach durch einen Neubau ersetzt. Über der Durchfahrt ist seit 1997 eine weitere Gedenktafel angebracht.

➔ *Wohnhaus Georg Büchner, Gedenktafel, Grafenstraße 37–39*

Dichter und »Staatsverräter« Der Schriftsteller, Mediziner und Revolutionär wurde als ältestes von sechs Geschwistern am 17. Oktober 1813 in Goddelau geboren. Drei Jahre später übersiedelte die Familie nach Darmstadt. Dort besuchte

Georg Büchner das »Pädagog«, eines der bedeutendsten Gymnasien des Großherzogtums. 1831 ging er an die medizinische Fakultät in Straßburg. Zwei Jahre später wechselte er nach Gießen, wo er die Bekanntschaft von Friedrich Ludwig Weidig (siehe S. 71) machte und die Texte zum Hessischen Land-

boten, einer der berühmtesten sozialrevolutionären Flugschriften der deutschen Geschichte, verfasste. Zurück in Darmstadt, schrieb er in den Folgejahren die Erzählung »Lenz« und das Drama »Dantons Tod«, während er von der Polizei überwacht wurde. Im März 1835 floh er vor der Verfolgung durch die Behörden nach Straßburg. Die Großherzoglich Hessische Zeitung veröffentlichte einen Steckbrief, in dem ihm »staatsverräterische Handlungen« vorgeworfen wurden. In Straßburg arbeitete er an dem Lustspiel »Leonce und Lena« sowie an »Woyzeck«. 1836 ging er als Privatdozent nach Zürich, wo er am 19. Februar 1837 im Alter von nur 23 Jahren an Typhus starb. Der Georg-Büchner-Platz am Staatstheater in Darmstadt erinnert samt der Skulptur »Grande Disco« (große Scheibe) an seine Bedeutung für das deutschsprachige Theater. Seit 1951 wird zudem der Georg-Büchner-Preis der Deutschen Akademie für Sprache und Dichtung verliehen.

Das Darmstädter **Pädagog**, das Georg Büchner von März 1825 bis März 1831 besuchte, ist nicht vollständig im Original erhalten. Turm, Sockel und Wappen des Gebäudes sind historisch, der Rest ist wiederaufgebaut. Vor Büchner hatten bereits der Schriftsteller und Mathematiker Georg Christoph Lichtenberg und der Chemiker Justus Liebig das Pädagog besucht. In der Schule wurden damals Führungskräfte für den Staats- und Schuldienst, die Kirche und das Gesundheitswesen ausgebildet. Doch sie galt zugleich als Brutstätte revolutionärer Gesinnung. Unter den 1833 wegen mutmaßlicher Beteiligung am Frankfurter Wachensturm (siehe S. 21) Verhafteten befanden sich mehr als zehn Absolventen des Pädagogs. Eine Reihe weiterer Mitschüler gewann Büchner für die 1834 gegründete »Gesellschaft der Menschenrechte«.

➔ *Darmstädter Pädagog, Pädagogstraße 5, Theater im Pädagog,*
   www.paedagogtheater.de

Georg Büchners Geschwister waren ebenfalls politisch aktiv. Nur wenige Straßen von Büchners Haus entfernt, etwas weiter nordwestlich in der Kasinostraße 3, steht heute das Literaturhaus Darmstadt, wo mit Veranstaltungen und Kulturförderung an Büchners jüngste Schwester erinnert wird. Dort hat die 2010 gegründete **Luise-Büchner-Gesellschaft** ihren Sitz. Ebenfalls dort befindet sich auch die in den 1960er Jahren gegründete Luise-Büchner-Bibliothek des Deutschen Frauenrings. Die Schwester Georg Büchners, 1821 geboren, war nicht nur eine Vorkämpferin der frühen Frauenbewegung, sie wirkte auch an der ersten Gesamtausgabe Büchners mit und bewahrte damit seinen Namen für die Nachwelt. Außerdem schrieb sie unter dem Titel »Ein Dichter« eine Erzählung über ihn als Schüler, die für die Büchner-Forschung heute die einzige biografische Quelle ist. An Luise Büchner erinnert seit 2017 ein **Denkmal**.

Das Darmstädter Pädagog, damals Gymnasium

Denkmal für Georg Büchners Schwester Luise

➔ *Denkmal, Döngesborngasse, Aufgang vom Justus-Liebieg-Haus zur Pädagogstraße*

➔ *Informationen unter www.luise-buechner-gesellschaft.de*

Die Rundeturmstraße, östlich des Stadtzentrums, erinnert noch heute an den runden Turm der mittelalterlichen Stadtbefestigung, in dem sich das älteste Gefängnis der Stadt befand. Es stand in Höhe der heutigen Gebäude Nr. 10 und 12 der TU Darmstadt. Zwischen 1832 und 1834 wurde anstelle des Turms ein neues **Großherzogliches Arresthaus** errichtet, in das die Teilnehmer des Frankfurter Wachensturms (siehe S. 21) verlegt wurden. Der Pfarrer und Revolutionär Friedrich Ludwig Weidig (siehe S. 71) saß ab Juni 1835 wegen Hochverrats dort ein. Er war dort der Willkür des Hofgerichtsrates Konrad Georgi ausgesetzt. Um ein Ge-

Im Arresthaus saßen viele Revolutionäre ein

Ein Mauerrest erinnert heute an das Gefängnis

ständnis aus ihm herauszupressen, wurde er krumm an die Wand gekettet und gefoltert. Wenige Tage nach dem Tod Büchners soll er am 23. Februar 1837, erneut schwer misshandelt, im Gefängnis Selbstmord begangen haben. Eine Mitschuld Georgis daran ist nicht auszuschließen. Seine Männer hatten offenbar erst zweieinhalb Stunden nach Auffinden Weidigs einen Arzt gerufen. Mit seinem Blut soll Pfarrer Weidig vor seinem Tod an die Zellenwand geschrieben haben: »Da mir der Feind jede Verteidigung versagt, so wähle ich einen schimpfl. Tod von freien Stücken. F.L.W.« Ein Teil der Mauer des Gefängnisses existiert noch. Eine Gedenktafel erinnert dort auch an Weidig. Zu seinem 230. Geburtstag am 15. Februar 2021 benannte die TU Darmstadt einen ihrer Besprechungsräume in der Rundeturmstraße um in Friedrich-Ludwig-Weidig-Saal.

➔ *Arresthaus, Mauerrest, Rundeturmstraße 10*

Im nördlichen Teil des **Alten Friedhofs** findet sich bis heute das Grab von Friedrich Ludwig Weidig. In Gewann 1F 141b steht ein Stein mit einem metallenen Kreuz, das an den Pfarrer und Vorkämpfer der demokratischen Freiheit erinnert. Das Ehrengrab wurde mehrfach umgestaltet, die Zeilen auf dem Kreuz »Du starbst nach langer Kerkerhaft als heil'ger Streiter. Dein freier Geist sucht in gestirnter Höh

»Der wegen beschuldigten Hochverraths hier in Untersuchung und Verhaft befindliche Pfarrer Weidig aus Obergleen ward am 23. d. Morgens um 7½ Uhr von dem Gefangenwärter in seinem Blute schwimmend und in den lezten Zügen liegend gefunden. Er hatte sich vermittelst der Scherben einer zerschlagenen Wasserflasche an beiden Füßen über den Knöcheln, an beiden Armen über dem Handgelenke die Arterien und über dem Kehlkopfe die Gurgel durchschnitten und sich auf diese Weise selbst entleibt«,

hieß es in der Todesanzeige aus der Großherzoglich Hessischen Zeitung vom 25. Februar 1837.

des Lichtes Urquell« wurde ab 1837 mit Eisenkitt überstrichen und erst 1848 wieder lesbar gemacht. Ergänzende Tafeln unterstreichen heute Weidigs Rolle im Kampf um die demokratische Freiheit. Auch Luise Büchner und der frühere Ministerpräsident Hessen-Darmstadts, Karl Freiherr du Bos du Thil, sind auf dem Alten Friedhof begraben.

🡒 *Alter Friedhof, Nieder-Ramstädter-Straße/Herdweg*

Riedstadt-Goddelau

Etwa acht Kilometer westlich von Darmstadt liegt Goddelau, der Geburtsort Georg Büchners. Sein Elternhaus in der Weidstraße ist heute Kulturzentrum und Literaturmuseum. Geboren wurde er in dem kleinen Zimmer im ersten Stock des 1665 erbauten Fachwerkhauses, das die junge Familie Büchner gemietet hatte. Sein Vater war damals Landarzt, der drei Jahre später mit der Familie nach Darmstadt ging. Dank eines Fördervereins wurde das **Büchnerhaus** 1995 vor dem Abriss bewahrt, saniert und ist seit 1998 öffentlich zugänglich. Es ist der letzte Originalschauplatz aus dem Leben des Dichters in Deutschland, auch wenn er selbst darin nur seine drei ersten Lebensjahre verbrachte. Eine Dauerausstellung

Das Geburtshaus Georg Büchners

folgt seinem Weg »von Goddelau zur Weltbühne«. Requi-
siten aus seinen Bühnenstü-
cken stehen stellvertretend für
die Wirkungsgeschichte seines
dichterischen Werks. In seinem
Geburtszimmer befindet sich
eine kleine Büchnerbibliothek
mit Erstausgaben und Literatur
über ihn. Auch ein Originalfoto

Die Grabplatte Büchners ist
im Haus zu sehen

eines Porträts von Büchner aus Familienbesitz, das bei den Bombenangriffen auf Darmstadt 1944 verbrannte, gehört zur Sammlung. Mehr dazu erfährt man bei einer Führung, ebenso wie zu einem anderen und sehr besonderen Erinnerungsstück: einem Teil
von Büchners Grabstein, der auf dem Grundstück seines Bruders

Wilhelm in Pfungstadt gefunden wurde und als Dauerleihgabe ins Büchnerhaus kam. Im Hof des Hauses sowie im ehemaligen Kuhstall ist ein kultureller Treffpunkt für Lesungen, Konzerte oder Vorträge eingerichtet.

➡️ *Büchnerhaus, Weidstraße 9, https://museen-in-hessen.de/de/museen/das_buechnerhaus*

Interview mit Peter Brunner, Leiter des Büchnerhauses:

Was können wir heute von Georg Büchner lernen?

Die große Qualität Büchners ist seine vollkommene Zeitlosigkeit. Er hat sich in seinen Schriften nicht auf konkrete Verhältnisse bezogen, sondern abstrakte Formulierungen und Bilder gewählt, so dass sie allgemeingültig wirken. Was ihn heute so bedeutend macht, ist, dass jeder Büchnersatz so wirkt, als sei er geschmiedet für die Ewigkeit.

Wie revolutionär war der Hessische Landbote?

Peter Brunner

Er steht in einer Tradition, er fiel nicht wie eine Sternschnuppe vom Himmel. Friedrich Ludwig Weidig, der den Text überarbeitete, war ein bedeutender republikanischer Autor, der zuvor schon politische Flugblätter veröffentlicht hatte. Es gab ein großes Netzwerk von Republikanern. Da hinein stößt dieser wilde, junge Büchner und schreibt für sie diesen Text von außergewöhnlicher Qualität. Es ist der erste literarische Text der politischen Literatur seit Thomas Münzer im 16. Jahrhundert. Büchner argumentiert darin ökonomisch, er hat sich dafür exakte Zahlen zu den Steuern besorgt. Und vor allem: Er schreibt die Befreiung der Menschheit an den Himmel. Ich finde, es ist ein viel besserer Text als das Kommunistische Manifest.

Wie hat er nachfolgende Generationen beeinflusst?
Das ist ein weites Feld. Er ist immer als bedeutender Literat anerkannt gewesen. Politisch war es schwieriger, da seine Mitstreiter durch die gnadenlose Verfolgung große Angst hatten und alle Texte verbrannt haben. Es ging schließlich um ihr Leben. Wir wissen, dass es neben dem Landboten so etwas wie ein Manifest gegeben hat, das auch nach Büchners Tod weitergeschrieben wurde. Es ist aber nicht erhalten. Es gibt die Interpretation, dass er im Exil sein politisches Engagement aufgegeben hat. Ich denke aber, dass Büchner auch verstanden werden muss als Jugendlicher, er war 23, als er starb. Er war ambivalent, ein Suchender, Verzweifelter, nach Glück strebender junger Mann.

Der Hessische Landbote 1834 verfasste Georg Büchner das achtseitige Pamphlet gegen die sozialen Missstände seiner Zeit. Berühmt wurde es durch den Aufruf: »Friede den Hütten! Krieg den Palästen!« Es sollte die Landbevölkerung von der Dringlichkeit einer Revolution gegen den Großherzog und die Staatsmacht überzeugen. In einem biblischen Ton geschrieben, führte es den Bauern ihr materielles Elend vor Augen und lieferte zugleich eine religiöse Rechtfertigung eines Aufstands. Friedrich Ludwig Weidig (siehe S. 71) überarbeitete den Text, bevor dieser in rund 1.200 Exemplaren in Offenbach gedruckt und dann heimlich im Großherzogtum verteilt wurde. Trotz starker Verfolgung der Urheber erschien der Text im Dezember 1834 ein weiteres Mal.

Im benachbarten Riedstadt lohnt sich ein abendlicher Ausflug zur **BüchnerBühne**, die der ebenfalls in Goddelau geborene Regisseur und Schauspieler Christian Suhr mit einigen Kollegen 2008 gegründet hat. Seit 2011 werden in den Räumen der alten Leeheimer Feuerwache Stücke Büchners und anderer Autoren gespielt, die sich dem freiheitlichen Denken verpflichtet sehen. Dazu gibt es Lesungen, politische Diskussionen, Workshops und mehr.

➡ *BüchnerBühne Riedstadt, Kirchstraße 16, 64560 Riedstadt, www.buechnerbuehne.de*

Zur Vor- oder Nachbereitung: Das Büchnerportal der Universität Marburg hat umfangreiche Informationen zu Büchners Leben, Briefe, Aufsätze und sein vollständiges Werk, inklusive der Ausgaben des »Hessischen Landboten«, online verfügbar gemacht: **www.buechnerportal.de**

Zwingenberg

Die Tafel am Gebäude des heutigen **Bunten Löwens** erinnert zwar an die Gründung des Allgemeinen Landsmannschafter-Convents von 1868. Doch das schön sanierte Gasthaus aus dem 16. Jahrhundert hat zuvor schon eine politische Rolle gespielt. 1595 als erstes Gebäude außerhalb der Stadtmauer von Zwingenberg errichtet, wurde die Herberge 1751 an den aus Auerbach stammenden Christian Heinrich Dieffenbach verkauft. Fünf Generationen seiner Familie führten sie fast 150 Jahre lang. So auch Johann Georg Dieffenbach. Er war schon früh politisch aktiv und saß unter anderem im Stadtrat von Zwingenberg. Bereits im Winter 1818/19 kämpfte er darum, dass Hessen-Darmstadt eine Verfassung bekommen sollte. Die Bewegung tagte trotz eines Versammlungsverbotes im Bunten Löwen. Bei einer Sitzung kamen an die 200 Bürger zusammen. Am 17. Dezember 1820 erließ der Großherzog schließlich die Verfassung. Ab 1832 war Dieffenbach zwei Jahre lang Abgeordne-

Blick auf Zwingenberg

Gasthaus Bunter Löwe

ter im Landtag in Darmstadt. Heute ist der Bunte Löwe, ganz im Geiste der Revolution, noch immer ein Gast- und Versammlungshaus.

➔ *Gasthaus Bunter Löwe, Löwenplatz 6, www.bunterloewe-zwingenberg.de*

Gagerns Wahlkreis

Zwingenberg zählte im Jahr 1848 zum Wahlkreis des künftigen Parlamentspräsidenten Heinrich von Gagern (siehe S. 31). Für je 50.000 Einwohner sollte damals ein Abgeordneter in die Nationalversammlung gewählt werden, so stand es im Wahlgesetz. Für Hessen-Darmstadt zogen zwölf Abgeordnete in die Paulskirche ein, unter ihnen viele Demokraten. Gewählt wurden in erster Linie Persönlichkeiten des öffentlichen Lebens wie Professoren, Richter, Geistliche, Kaufleute, Anwälte oder, wie im Fall von Gagerns, ein Politiker. Da nicht vorgeschrieben war, dass der Kandidat aus dem Bezirk stammte, für den er antrat, ließ sich von Gagern für den Wahlbezirk Nidda ebenso aufstellen wie für Zwingenberg. Weil die Wahlen aber nicht alle zeitgleich stattfanden und er in Zwingenberg bereits gewählt war, musste sich Nidda einen Ersatzkandidaten suchen. Wählen durften in Hessen-Darmstadt nur männliche Staatsangehörige, die 21 Jahre alt oder älter waren, wenn sie nicht entmündigt, in Konkurs gegangen, anderweitig bescholten waren oder als Dienstboten ihr Geld verdienten.

Bensheim-Auerbach

Die Krone und der Dichter

Die Reisenden dieser Zeit, die auf der Landstraße von Frankfurt Richtung Süden fuhren, konnten an einem besonderen Ort Station machen – bevor die Eisenbahnlinie Frankfurt-Heidelberg eine Einkehr nicht mehr nötig machte. Der Gasthof Güldene Krone erlebte seine Grundsteinlegung bereits 1655 und wurde anschließend mehr als 200 Jahre lang von derselben Familie geführt. 1849 kehrten dort badische Beamte ein. Kurz zuvor hatten Revolutionäre in Baden nach dem absehbaren Scheitern der Nationalversammlung versucht, die Reichsverfassung gewaltsam durchzusetzen. Sie stürzten bei den sogenannten Maiaufständen die Regierung in Karlsruhe. Eine große Anzahl der dortigen Beamten floh daher nach Auerbach, um die weitere Entwicklung der Ereignisse abzuwarten oder um sich dem Militärdienst im Revolutionsheer zu entziehen. Die Flüchtlinge quartierten sich in der **Goldenen Krone** ein. Das Haus war zwei Monate lang bis unters Dach belegt. Unterhaltung hatten die Herren Beamten genug, denn mit ihnen war der Rechtspraktikant **Viktor Schef-**

Altstadt von Bensheim

fel gekommen, der die feuchtfröhliche Gesellschaft mit den von ihm gedichteten Liedern bis spät in die Nacht unterhalten haben soll. Heute ist aus dem Gasthof, der 1906 abbrannte, das seit 2012 wieder familiengeführte Parkhotel Krone geworden. An der Außenseite des Hauses erinnert seit 1899 eine Tafel an Scheffel, auf der steht: »In diesem Hause weilte Josef Viktor v. Scheffel, aus seiner Heimat vertrieben, mehrere Wochen im Mai und Juni 1849«. Im Hause gibt es einen Scheffelsaal, ein Restaurant und draußen einen Biergarten.

Das Parkhotel Krone mit der Gedenktafel

➡️ *Parkhotel Krone, Darmstädter Straße 168,*
www.parkhotel-krone.de

Dichter und Augenzeuge Geboren 1826 in Karlsruhe, war **Joseph Victor Scheffel**, der ab 1876 in den badischen Adel erhoben wurde und seitdem von Scheffel hieß, im 19. Jahrhundert ein viel gelesener deutscher Schriftsteller und Dichter. Er verfasste auch zahlreiche bekannte Balladen und Liedtexte wie »Als die Römer frech geworden« und das Frankenlied, das noch heute als inoffizielle Landeshymne gilt. Doch er war zugleich ein politischer Kopf. Bereits während des Jurastudiums in Heidelberg kam der aktive Burschenschafter in Kontakt mit den Lehren gemäßigt liberaler badischer Professoren. 1848 folgte er

dem prominenten badischen Liberalen und Bundestagsgesand-
ten Carl Theodor Welcker zur Nationalversammlung nach Frankfurt. Den Barrikadenkampf vom 18. September 1848 verfolgte
er vom Turm des Domes aus
und hatte beim Anblick des
Gemetzels »den Glauben an
das Volk auf beiden Teilen und
die Poesie der Revolution verloren«. Er kehrte nach Heidelberg zurück und promovierte dort. Auf einer Romreise
1852 entdeckte er sein dich-
terisches Talent und schrieb
von da an historische Erzäh-
lungen und Versepen im Stil
des eher biederen wilhelmini-
schen Zeitgeistes. In Frankfurt erinnern die Scheffelstraße im
Nordend und das nahegelegene »Scheffeleck« an ihn.

Außerdem sehenswert:

Wie gediegen Großherzog Ludwig I. von Hessen-Darmstadt mit
seiner Frau Luise bis zu seinem Tod 1830 in der Sommerfrische residierte, kann man bei einem Abstecher in den **Staatspark Fürstenlager** sehen. In dem rund 46 Hektar großen Park sind noch heute
herrschaftliche Häuser, Denkmäler, Gartentempel und ein künst-
lich angelegtes Dörfchen sowie ein kleines Museum in der Remi-
se zu finden.

➡ *Staatspark Fürstenlager, Park frei zugänglich,*
   www.schloesser-hessen.de/de/fuerstenlager

Wer die Gelegenheit nutzen möchte, eine der beliebtesten Burgen
Hessens zu besuchen, der sollte im **Schloß Auerbach** vorbeischau-

en. Die Ritterburg stammt aus dem 13. Jahrhundert. Man kann dort sogar übernachten und mittelalterlich feiern. Besonders am 30. April, zur Walpurgisnacht, ist die Burg ein beliebter Anlaufpunkt.

➡ *Schloß Auerbach, www.schloss-auerbach.de*

Heppenheim/Hemsbach

Der Markt von Heppenheim

Das hübsche kleine Fachwerkstädtchen an der Bergstraße mit damals gut 4.000 Einwohnern war gleich mehrfach Schauplatz bedeutsamer Ereignisse der Jahre 1848/49. Der wichtigste Ort dazu war der **Gasthof Halber Mond**, der heute noch existiert. Bereits 1668 ist ein Wirt zum »halben Mond« namens Jakob Balthasar Dietz im Kirchenbuch erwähnt. Später soll sogar die russische Zarin Katharina II. von Frankfurt kommend dort krankheitsbedingt Station gemacht haben. Die Gaststätte entwickelte sich zum Treffpunkt des aufgeklärten, liberalen Bildungsbürgertums, das dort auf Reisen gerne Station machte. Auch Georg Büchner soll hier bei einer Wanderung nach Heppenheim gewohnt haben. Das Renommee des Hauses dürfte neben der zentralen Lage an der Grenze zu Baden, Württemberg und Bayern ein Motiv dafür gewesen sein, dass der Aachener Kaufmann und Politiker David Hansemann es im Herbst 1847 als Versammlungsort wählte, um der Idee einer deutschen Einheit größeren Einfluss zu verleihen. Seiner Einladung folgten insgesamt 17 Liberale und Demokraten, einige der prominentesten Vertreter der freiheitlichen Opposition aus den Abgeordnetenhäusern der Länder Baden, Hessen-Darmstadt, Nassau und Württemberg, darunter Heinrich von Gagern (siehe S. 31), der Jurist Carl Theodor Welcker, August Hergenhahn (siehe S. 231), der Mannheimer Kaufmann Friedrich Daniel Bassermann und der frühere Abgeordnete Adam von Itzstein (siehe S. 200). Vermutlich wegen ihrer Bekanntheit zogen sie in einer Zeit politischer Unterdrückung und polizeistaatlicher Beobachtung ein Treffen auf dem Land vor, wo sie am Samstag, 9., und Sonntag, 10. Oktober 1847, ein liberales Reformprogramm formulierten, das zur Grundlage für die erste deutsche Verfassung

Das Hotel Halber Mond heute

wurde. Sie forderten ein deutsches Parlament, die Garantie bürgerlicher Freiheiten, die Trennung von Verwaltung und Justiz, eine selbstständige Verwaltung der Gemeinden, eine Volkswehr und Grundrechte wie die Pressefreiheit. Der badische Journalist Karl Mathy berichtete in der Deutschen Zeitung im Nachhinein über das Treffen, das somit einer breiten Öffentlichkeit bekannt wurde und heute als eine der wichtigsten Stationen auf dem Weg zur deutschen Nationalversammlung gilt.

Gasthof Halber Mond, Stahlstich von 1849

Im Mai und Juni 1849 nutzten deren Gegner das Gasthaus. Die Hessen-Darmstädtischen Truppen richteten ausgerechnet im Halben Mond ihr Hauptquartier ein, um von dort aus gegen die nach Norden vordringenden badisch-pfälzischen Revolutionäre vorzugehen. Beim Gefecht am 30. Mai (siehe S. 172) flogen die Kugeln auch in das Gasthaus. Der Halbe Mond wurde 1911 durch einen Brand zerstört und bald darauf wieder aufgebaut. Der bis zu seiner Emigration 1938 in Heppenheim lebende jüdische Religionsphilosoph Martin Buber nutzte ihn als Tagungsstätte. 2008 renoviert, bietet er heute ein kleines Hotel, das Restaurant 1847, die Kutscherstube, einen Biergarten sowie eine hauseigene Brauerei und Brennerei.

➔ *Halber Mond, Hotel und Restaurant, Ludwigstraße 5, www.halber-mond.com*

Eines der bedeutendsten Denkmäler Heppenheims ist der **Kurmainzer Amtshof**, den die Stadt bereits 1840 erwarb. Aufgrund der historischen Bedeutung Heppenheims wurde im Winzerkeller des Amtshofes im Dezember 1948 die Freie Demokratische Partei (FDP) gegründet. Den Gasthof Halber Mond konnte die Partei nicht nutzen, da die US-Streitkräfte sich dort einquartiert hatten.

Der damalige FDP-Vorsitzende Theodor Heuss wurde 1949 erster deutscher Bundespräsident. Seit 1995 residiert in dem alten Amtshof das Museum Heppenheim, das ebenfalls ein Muss auf dieser Route ist. Man erfährt viel Wissenswertes zur Geschichte der Stadt und zum Arbeits- und Alltagsleben der Heppenheimer. Eine Abteilung zur Heppenheimer Versammlung darf dabei nicht fehlen.

➡ *Museum Heppenheim, Kurmainzer Amtshof, Amtsgasse 5, www.heppenheim.de/leben-in-heppenheim/museum-heppenheim/*

Der Kurmainzer Amtshof

Gefechte in Ober-Laudenbach

Nicht nur zur Vorbereitung der Nationalversammlung spielte Heppenheim eine große Rolle, auch das Ende der Revolution war in der Umgebung hautnah zu erleben. Der heute zur Stadt zählende Ortsteil Ober-Laudenbach, der direkt an der Grenze zu Baden-Württemberg liegt, wurde aufgrund dieser Lage am 24. Mai 1849 zum Schauplatz einer bewaffneten Volksversammlung mit mindestens 4.000 Teilnehmern. Eigentlich war die Revolution zu dieser Zeit bereits gescheitert. Doch revolutionäre Gruppen, unter anderem in Baden, versuchten verzweifelt, sie zu retten. Einen Tag zuvor hatten sich Odenwälder und Südhessen in Erbach (siehe S. 175) versammelt und beschlossen, die badischen Revolutionäre zu unterstützen und nach Laudenbach zu marschieren, um sich mit der Revolutionsarmee zu vereinigen. Weil der badische Nachbarort Unter-Laudenbach dies verboten hatte, zog man nach Ober-Laudenbach, auf eine Wiese am **Eckstein'schen Wirtshaus**. Geplant war, die Revolution nach Darmstadt und weiter nach Frankfurt zu tragen. Man erhoffte sich

Das ehemalige Eckstein'sche Wirtshaus

zudem, dass viele Angehörige der großherzoglichen Truppen zu den Revolutionären überlaufen würden, was aber nicht passierte. Die hessische Regierung entsandte aus Heppenheim drei Kompanien mit 600 bis 700 Soldaten. Vermitteln sollte Regierungskommissar Christian Prinz, der die Volksversammlung für ungesetzlich erklärte, verlangte, dass die Revolutionäre die Waffen niederlegten und dabei heftig mit ihrem Anführer aneinandergeriet. Plötzlich fielen aus der aufgebrachten Menge Schüsse. Christian Prinz wurde tödlich getroffen.

Die hessischen Truppen griffen ein. Dabei wurden 13 Revolutionäre getötet und mehr als 100 verletzt. Viele Männer wurden gefangen genommen. Gegen 89 erhob man Anklage, einige von ihnen mussten bis zu acht Jahre ins Zuchthaus. Dieser Ausbruch der Gewalt hatte nicht nur abschreckende Wirkung auf das Volk. Er schwächte auch die revolutionäre Bewegung in Baden, weil man erkannte, dass die hessischen Soldaten dem Großfürsten treu geblieben waren.

Gleich drei **Gedenksteine** in Ober-Laudenbach erinnern an das schreckliche Ereignis: In der Ober-Laudenbacher Straße 55, wo das alte Fachwerkhaus des Eckstein'schen Wirtshauses heute noch inklusive einer kleinen Steinsäule mit Tafel steht. In derselben Straße, unterhalb der Marienkapelle, ist seit 1851 ein Gedenkstein für Christian Prinz zu finden. »Im Leben treu ward ihm der Lohn, Auch sterbend noch dem Vaterland zu nutzen« heißt es dort noch ganz im Tonfall der Restauration. Neutraler klingt es auf dem 1974 errichteten Gedenkstein am Ende des langgezogenen Ortes, in der Straße Wolfslücke, der seit 2008 zudem die Namen der 13 Gefallenen aus den Reihen der Revolutionäre nennt: »Freiheitskämpfer auf der einen und der Vorsitzende der Regierungskommission auf der anderen Seite fanden den Tod. Die

Der »Prinzenstein« unterhalb der Marienkapelle

im Kampf für eine größere Freiheit Gescheiterten wurden zu Verkündern einer neuen Zeit.«

➔ *Eckstein'sches Wirtshaus, Ober-Laudenbacher Straße 55*
➔ *Gedenksteine, Ober-Laudenbacher Straße, unterhalb der Marienkappelle und etwas weiter bergan an der Straße Wolfslücke*

»Nie wird das hessische Volk den Tag vergessen, wo die ganze Bevölkerung des hessischen Odenwaldes wie Ein Mann sich erhob, um den wohlerworbenen Rechten des engeren und weiteren Vaterlandes Achtung und Geltung zu verschaffen, wo Tausende von mutigen Männern Gut, Freiheit, Leib und Leben für das niedergetretene Volksrecht einsetzten, wo so viele wackere Bürger ihren Patriotismus mit ihrem Blute besiegelten«, schrieb der Anführer der revolutionären Odenwälder, Wilhelm Zimmermann, 1866 in seinem Buch »Der Tag von Ober-Laubach.

Die Schlacht von Heppenheim und Hemsbach

Nur wenige Tage später, am 30. Mai, kam es zu einem Gefecht zwischen großherzoglichen Truppen und der badisch-pfälzischen Revolutionsarmee, die immer noch auf Verstärkung aus den Reihen des hessischen Militärs hoffte und nach Frankfurt vorstoßen wollte. Die großherzoglichen Truppen hatten sich im Gasthof Halber Mond eingerichtet. Als die Revolutionäre nach Heppenheim einziehen wollten, eröffneten diese in Höhe des Zollhauses das Feuer. Sie griffen zudem das badische Unter-Laudenbach an und nahmen es ein. Dann marschierten sie weiter nach Hemsbach, wo es zu erbitterten Kämpfen kam, in denen die Revolutionäre schließlich endgültig unterlagen. Zwischen 17 und 52 Mitglieder der badisch-pfälzischen Revolutionsarmee starben dabei. Sie sollen beim Sandsteinkreuz am späteren Gasthaus »Zum Kreuz« in der Landstraße 68 begraben worden sein. 1902 hat man sie umgebettet auf den nebenan gelegenen Friedhof. Der Heppenheimer Geschichtsverein und die Altstadtfreunde stifteten 2009 eine Gedenktafel für die Gefallenen in der Heppenheimer **Ehrenmalanlage**. An die elf hessisch-darmstädtischen Soldaten, die

Treffen bei Hemsbach
am 30ten Mai 1849.
Zwischen den Großherzogl. Hess. Truppen & den Badischen Freischaaren.

Hier unterlagen die Revolutionäre

dabei ebenfalls ihr Leben verloren, erinnern gleich vier vom
Großherzog errichtete Gedenksteine, die bis heute in der Anlage stehen. Bei dem Kampf wurde auch das **Bahnhofsgebäude**
von Hemsbach von einer Kanonenkugel getroffen. In das Ein-
schlagloch wurde nachträglich
die Kugel eingesetzt, die heute noch dort zu sehen ist. Die
Schlacht von Heppenheim und
Hemsbach war rückblickend
der Wendepunkt in der badischen Revolution, mit deren
Zusammenbruch die revolutionäre Bewegung in Deutschland
insgesamt erstickte. Die Nationalversammlung in der Paulskirche löste sich einen Tag später auf.

Bahnhof von Hemsbach mit
der Kanonenkugel (oben)

➜ *Heppenheim, Ehrenmalanlage, Graben/Ecke Gräffstraße*
➜ *Hemsbach, Bahnhof, Bahnhofstraße 1*

Wer noch weiter möchte:

Michelstadt/Erbach

Wer möchte, kann noch einen Bogen an die hessisch-bayerische
Grenze in ein weiteres Zentrum des Odenwaldes, nach Michel-
stadt und Erbach schlagen, bevor es zurück nach Frankfurt geht.
Nicht nur, weil man dort auf Ludwig Bogen, den wichtigsten Oden-

Erbachs historische Altstadt

wälder Protagonisten der Revolution, trifft. Auch der Michelstädter **Lindenplatz** wurde zum Ort des Widerstands gegen das Erbacher Grafenhaus und den Darmstädter Großherzog. Am 5. März 1846 formulierten 2.000 Bauern ihre Forderungen nach einer gerechten Besteuerung und mehr Bürgerrechten. Die damals neu gegründete Wochenzeitung »Der Odenwälder« berichtete recht offen über die Idee der Abschaffung der Feudalherrschaft sowie über die wirtschaftlichen und sozialen Notstände nach den Missernten, die mancherorts regelrechte Hungersnöte auslösten und die Menschen zum Auswandern nötigten. Die demokratischen Politiker griffen die Anliegen der ländlichen Bevölkerung auf und halfen, diese auszudrücken.

Die unmittelbar angrenzende Residenzstadt Erbach war damals Sitz des Grafen Franz I. Sie gab aber auch dem Wahlkreis ihren Namen, für den der Demokrat **Ludwig Bogen** in die Nationalversammlung einzog. Der Michelstädter war Sohn des gräflichen Kammerrates. Er studierte, wie so viele spätere Revolutionäre, Rechtswissenschaften in Gießen und war aktiver Buschenschafter. 1835 wurde er wegen der angeblichen Teilnahme am Frankfurter Wachensturm (siehe S. 21) verhaftet und wegen Hochverrats zu acht Jahren Zuchthaus verurteilt. Er verbrachte davon drei Jahre in Untersuchungshaft im Darmstädter Arresthaus (siehe S. 154), wurde aber 1839 begnadigt und ging als Anwalt in die Schweiz. Nach der Märzrevolution 1848 kehrte er zurück in seine Heimat. Er wurde schließlich ins Paulskirchenparlament abgeordnet, wo er sich der linksgerichteten Fraktion »Deutscher Hof« anschloss. Nach deren Scheitern unterstützte er den badischen Aufstand. Er soll am 23. Mai 1849 auch die **Volksversammlung** in Erbach geleitet haben, die auf dem Gelände neben dem **Schützenhaus** stattfand, unmittelbar am Rand des heutigen Areals, auf dem Erbach im Juli seinen Wiesenmarkt feiert. An der Fassade des Hauses erinnert eine Gedenktafel an die Versammlung, die einen offenen Brief an die Standesherren des Großherzogtums Hessen formulierte, in dem die Forderungen der Bauern Niederschlag fanden. Es gründete sich dort mit einem Komi-

Alte Postkarte von Erbach und dem Hotel Schützenhof

tee aus 35 Gemeinden des Odenwaldes auch ein erster landwirtschaftlicher Interessenverband, der bis mindestens Ende April 1849 bestand. Auf der Versammlung wurde außerdem beschlossen, die badischen Revolutionäre zu unterstützen und dafür nach Ober-Laudenbach zu marschieren (siehe S. 169). Erneut wurde Bogen wegen Landesverrats verhaftet, vom Gericht in Darmstadt aber freigesprochen. Bis 1853 war er schließlich Abgeordneter im Großherzogtum Hessen. Dann wanderte er in die USA aus, wo er die deutschsprachige »New Ulm Post« herausgab. In Michelstadt erinnert heute die Ludwig-Bogen-Straße an ihn.

➲ *Schützenhaus, Martin-Luther-Straße 2, am Rande des Wiesenmarkt-Geländes, Marktstraße 1*

Ein Salon im Schloss Erbach

Wer sehen möchte, wie die Feudalherren damals lebten, gegen die die Revolutionäre kämpften, der sollte sich die gräfliche Sammlung im **Erbacher Schloss** anschauen. Sie zeigt die Wohnkultur der damaligen Zeit. Das Museum präsentiert, was Graf Franz I. zu Erbach-Erbach bis zu seinem Tod 1823 sammelte und sein Enkel Eberhard XV. auch zu Zeiten der Revolution an Möbeln und Kunsthandwerk zusammentrug. Die Stücke sind in rekonstruierten Salons der gräflichen Familie ausgestellt. Auch das Elfenbeinmuseum residiert im Schloss.

➜ *Schloss Erbach, Marktplatz 7, nur mit Führung,*
   www.schloss-erbach.de

Ebenfalls sehenswert in der Region:

➜ *Künstlerkolonie auf der Mathildenhöhe, Darmstadt, UNESCO*
   Weltkulturerbe, www.darmstadt-tourismus.de/mathildenhoehe
➜ *Hessisches Landesmuseum Darmstadt, unterschiedliche*
   Sammlungen aus der Kunst-, Kultur- und Naturgeschichte,
   www.hlmd.de
➜ *Weinlagenwanderung Zwingenberg, am 1. Mai veranstalten*
   die Bergsträßer Jungwinzer jedes Jahr eine Wanderung in den
   Weinbergen zwischen Heppenheim und Zwingenberg,
   www.bergstraesser-wein.de/weinlagenwanderung/

Und etwas weiter, dafür aber der wichtigste Originalschauplatz des Vormärz:
➜ *Hambacher Schloss, Neustadt an der Weinstraße,*
   www.hambacher-schloss.de

Route 6
In den Rheingau und nach Rheinhessen

Route 6
In den Rheingau und nach Rheinhessen

Mainz

Die Mainzer Republik

Das Mainzer **Deutschhaus** zeugt heute noch von der Gründung des ersten auf bürgerlich-demokratischen Grundsätzen beruhenden Staatswesens auf deutschem Territorium. Die Mainzer Republik wurde in der Folge der Französischen Revolution schon im Jahr 1793 ausgerufen und den Bürgern durch die Franzosen mehr oder weniger übergestülpt. Doch sie bewirkte zumindest, dass erstmals Vorformen politischer Zusammenschlüsse entstanden und die politische Presse sich etablierte. Das demokratische Gedankengut setzte sich fest. Aus den entsprechenden Kreisen rekrutierte sich ein Teil der liberalen und radikaldemokratischen Bewegung des Vormärz. Einige der Protagonisten der Revolution blieben weiter

Blick auf Mainz und den Dom

politisch aktiv, wie etwa Adam von Itzstein (siehe S. 200), der als 17-jähriger Student dem Mainzer Jakobinerklub beigetreten war. Dieser Klub wurde zur zentralen Institution der Mainzer Republik. 1792 hatte Frankreich dem Haus Habsburg den Krieg erklärt, Preußen und Österreich waren daraufhin in Frankreich einmarschiert. In der Gegenoffensive hatten die Franzosen am 21. Oktober Mainz erobert. Sie benahmen sich aber nicht wie Besatzer, sondern zeigten große Milde, unterstützt vom Jakobinerklub, der eigentlich »Gesellschaft der Freunde der Freiheit und Gleichheit« hieß und im Oktober alle erwachsenen Mainzer ohne Standesschranken in den Akademiesaal des **Schlosses** gerufen hatte, um durch den Eid »frei zu leben und frei zu sterben« freiwillig dem »Klub« beizutreten – ein Novum in Deutschland.

Die Wahlen zu einem Rheinisch-Deutschen Nationalkonvent am 24. Februar 1793 verliefen ebenfalls vergleichsweise demokratisch. Die rund 130 Abgeordneten der Städte und Dörfer des linksrheinisch besetzten Gebietes waren Vertreter der gesamten

Im Deutschhaus wurde die Mainzer Republik gegründet

Bevölkerung. Das Parlament trat am 17. März im **Deutschhaus** zusammen und rief einen »freien, unabhängigen, unzertrennlichen Staat« aus, der sich auf Freiheit und Gleichheit gründete. Den Delegierten war allerdings bewusst, dass die Republik ohne die Angliederung an Frankreich nicht lebensfähig wäre und beantragten diese. Dazu kam es nicht mehr. Am 23. Juli eroberten die Preußen Mainz und das Gebiet des Freistaates zurück, die Rheinische Republik war Geschichte. Die Jakobiner wurden brutal verfolgt, viele flohen. Als die Franzosen 1797 für 16 Jahre wiederkehrten, verleibten sie das Gebiet dem Empire Napoleons ein. Nach der Eingliederung ins Großherzogtum Hessen-Darmstadt 1816 wurde Mainz zugleich Festung des Deutschen Bundes.

➜ *Kurfürstliches Schloss, Peter-Altmeier-Allee 9, heute Tagungs- und Veranstaltungsort*

➜ *Deutschhaus, barockes Palais, Platz der Mainzer Republik, heute Sitz des Landtags von Rheinland-Pfalz*

Im Schutz der Narrenkappe

In der Zeit des Vormärz gärte es erneut. Viele Mainzer reisten zum Hambacher Fest in die Pfalz. Radikale Vertreter planten darüber hinaus offenbar mithilfe von Flugschriften einen allgemeinen Aufstand, den nur die Präsenz der 7.000-Mann starken Garnison verhinderte. In Wien und Preußen galt Mainz als Jakobiner-Nest und radikalste Stadt des Deutschen Bundes. Trotz der Verschärfung der Pressezensur zählte der Mainzer Preß- und Vaterlandsverein 146 Mitglieder und war der fünftgrößte in den Bundesstaaten. Die Zahl der Vereine wuchs im Vormärz erheblich an. Auch der durch das Bürgertum neu belebte Straßenkarneval organisierte sich 1837 und veranstaltete unter dem Namen »Krähwinkler Landsturm« den ersten Karnevalsumzug. Im Gasthaus **Zum römischen König**, das heute nicht mehr existiert, gründete sich die älteste Fastnachts-Institution der Stadt, die Ranzengarde, als Parodie auf die Wach- und

Im Haus zum Römischen Kaiser trafen sich die Narren

Ehrenkompagnie des Landesfürsten und auf die »Langen Kerls« der altpreußischen Infanterie. Statt der dort vorgeschriebenen sechs Fuß Körpergröße forderte die Ranzengarde von ihren Mitgliedern sechs Fuß an Leibesumfang.

Im Januar 1838 entstand mit dem Mainzer Carneval-Verein, kurz MCV, der erste Verein. Die Premiere der »närrischen Generalversammlung« des MCV fand ebenfalls im Römischen König statt, weitere im **Römischen Kaiser** – ein stattliches »Vereinsheim«, wenn man das Renaissance-Gebäude heute betrachtet. Ende Februar folgte der erste »Fastnachtmontagszug«, der vorab von der Polizei begutachtet worden war. Die Karnevalisten blieben von der Zensur nicht verschont. Die Gründung einer zweiten Karnevalsgesellschaft in den 1840er Jahren wurde sogar polizeilich verboten, da man »nur neue Unordnung« befürchtete. Die Mainzer Fastnachtsfarben, die Trikolore in rot, weiß, blau, ergänzt um gelb, erinnert an die jakobinische Tradition der Stadt. Die **Heunensäu-**

Karikatur des ersten Mainzer Freiheitsbaums

le auf dem Marktplatz vorm Mainzer Dom, ein Wahrzeichen der Stadt, zeigt heute entsprechend an einer der vier Ecken die Narrenkappe, die symbolträchtig einer Jakobinermütze entspringt. Die Säule wurde 1975 übrigens an der Stelle aufgestellt, an der einst der Freiheitsbaum, Symbol der Mainzer Republik, stand.

Die Publikationen »Narhalla« und »Neue Mainzer Narrenzeitung« agitierten ab den 1840er Jahren unter dem närrischen Deckmantel für Demokratie und Pressefreiheit. Zugleich wurde der Jurist und Führer der Mainzer Demokraten, Franz Heinrich Zitz, 1843 Präsident des MCV, welcher sich unter seiner Führung politisierte. Man verbrannte symbolisch die Zensur, pöbelte gegen das preußische und österreichische Militär. Einzelne Programmpunkte, wie etwa ein Spottgedicht auf den König von Bayern, bedrohten sogar die Existenz des Vereins. Die für die Fastnacht 1848 vorgesehenen Veranstaltungen Anfang März im geräumigen Saal des **Frankfurter Hofs,** den der MCV 1841 mit einem Ball als »Narhalla-Bau« eingeweiht hatte, sagte der Verein vorsorglich ab. Die beiden letzten Ausgaben der »Narhalla« des MCV in dem Jahr wurden zur politischen Programmschrift, in der voller Pathos die Revolution bejubelt wurde. In den Jahren nach 1848 fand der Karneval nur noch in sehr redu-

zierter Form statt. Die Obrigkeit war bestrebt, das närri-
sche Treiben zu unterbinden.

➔ *Haus zum Römischen Kaiser*
am Liebfrauenplatz, damals
Hotel, heute Sitz des Gu-
tenberg-Museums und des
Mainzer Stadtschreibers

➔ *Heunensäule, Markt 15*

➔ *Zum Frankfurter Hof, Au-*
gustinerstraße 55, heute
Kulturzentrum

»Für die Freiheit zu ster-
ben«

Im **Frankfurter Hof** trafen sich
bereits im Februar des Jahres

Der Frankfurter Hof war
»Narhalla-Bau«

Anhänger des revolutionären Gedankens und gründeten ein Bürgerkomitee. Die Stimmung war angespannt. Da kam mit dem Fe-
bruaraufstand der Funke aus Frankreich gerade recht. Zahlreiche
Mainzer unterzeichneten auf Einladung von Franz Zitz, damals
Landtagsabgeordneter, in einem Gasthaus in der Grebenstraße
eine Petition mit radikalen Märzforderungen. Sie verlangten Pressefreiheit, die Erhaltung der Gesetze aus der Franzosenzeit, die
Gleichstellung aller Religionen und ein allgemeines deutsches Parlament. Als der zweite Mainzer Abgeordnete dem nicht zustimmen
wollte, warf ihm eine wütende Menge die Fenster ein. Die Mainzer
gründeten eine Bürgerwehr mit Stützpunkt im **Theater**, der Zitz als
Oberst vorstand. Doch noch bevor die Revolutionäre am 8. März
nach Darmstadt ziehen wollten, um ihre Forderungen durchzusetzen, erfüllte Großherzog Ludwig II. die meisten davon. Die Mainzer feierten den Erfolg mit einem großen Fest. Das zum Symbol

Vorm Theater feierten die Mainzer die Märzerrungenschaften

für Pressefreiheit gewordene 1837 aufgestellte **Gutenberg-Denkmal** wurde illuminiert. Zitz hielt vom Balkon des **Theaters** eine Ansprache zur Menge und appellierte an sie, »für die Freiheit zu leben und zu sterben«.

➔ *Theater, um 1830 erbaut, heute Staatstheater, Gutenbergplatz*
➔ *Gutenberg-Denkmal, Gutenbergplatz*

Fastnachter und Abgeordneter Der Sohn eines Weinhändlers aus Mainz, geboren am 18. November 1803, studierte in Gießen und Göttingen Rechtswissenschaften. **Franz Heinrich Zitz** ließ sich als Anwalt in Mainz nieder und heiratete 1837 die Schriftstellerin Kathinka Zitz-Halein, die 1849 den Hilfsverein »Humania« mitbegründete. Dieser war mit mehr als 1.500 Mitgliedern die größte Frauenvereinigung dieser Zeit und unterstützte Aufständische und politisch Verurteilte auf der Flucht.

1843 bis 1844 war Zitz Präsident des MCV und 1848 Mitbegründer des Demokratischen Vereins. Er wurde ins Vorparlament und in die Nationalversammlung gewählt, wo er erst der Fraktion der Linken, dann dem radikalen linken Flügel Donnersberg angehörte. Er galt als leidenschaftlicher Redner, aber bisweilen als sprunghaft und unbeherrscht. Am 1. März 1849 trat er aus der Nationalversammlung aus, da diese ihm zu gemäßigt war. Er beteiligte sich am Pfälzisch-Badischen Aufstand und floh anschließend, in Hessen steckbrieflich gesucht, in die Schweiz. Spä-

ter emigrierte er in die USA. 1851 wurde er in Abwesenheit zu acht Jahren Zuchthaus verurteilt. Nach einer Amnestie kehrte er nach Mainz zurück, lebte bis zu seinem Tod am 30. April 1877 aber in München.

Arbeiter und Katholiken organisieren sich

Die Stimmung blieb weiter angespannt. Auch in Mainz kam es zu Krawallen, die eher wirtschaftliche Hintergründe hatten, etwa unter den Schiffsbauern und Schiffern. Sie befürchteten Nachteile durch die Dampfschifffahrt, stoppten Anfang April den Dampfschlepper Rhenus II und verprügelten den Kapitän, von anderen forderten sie Wegezoll. In Kastel verwüsteten Fabrikarbeiter, Kutscher und Schiffer den Bahnhof, demolierten Bahneinrichtungen und griffen Häuser von Fabrikanten an. Militär und Bürgerwehr hinderten sie daran, die Dampfmaschinen der größten Mainzer Möbelfabrik und zweier Buchdruckereien zu zerstören. Mit sozialen Fragen, wie Arbeitswochen von 80 bis 90 Stunden und schlechten Löhnen, beschäftigten sich die Arbeitervereine, die sich 1848 vielfach gründeten und wieder verschwanden. Anders der Bund der Kommunisten, der auf ein großes Netzwerk zurückgreifen konnte. Er gründete am 25. März 1848 einen Arbeiterverein, der schnell 700 Mitglieder zählte. Im April erhielt der Verein Besuch der Protagonisten der Arbeiterbewegung, Karl Marx und Friedrich Engels, die gerade das Kommunistische Manifest veröffentlicht hatten und die Mainz ursprünglich als Zentrale der Arbeiterbewegung sahen.

»Mitbürger! Der Unterthan schwört Treue seinem Fürsten und dem Gesetze, der Soldat schwört auf seine Fahne, der freie deutsche Mann schwört auf die Freiheit, diese leuchtende Standarte der Völker!«

Franz Heinrich Zitz am 8. März 1848

Auch die katholische Bewegung organisierte sich zu dieser Zeit erstmals in Vereinen. Ende März 1848 hatte sich in Mainz und Lim-

Der Mainzer Dom mit der Heunensäule

burg der erste »Piusverein für religiöse Freiheit« gegründet, der für demokratische Prinzipien eintrat und Religionsfreiheit forderte. Im Oktober fand im **Mainzer Schloss** die Tagung der Pius-Vereine statt, eine Art Generalversammlung katholischer Vereine, die heute als erster deutscher Katholikentag gilt. Dabei wurde der Katholische Verein Deutschlands gegründet. Der bis dato auf dem Land tätige Pfarrer Wilhelm Emmanuel von Ketteler, der auch Mitglied der Nationalversammlung in Frankfurt war, beeindruckte die Teilnehmer offenbar so stark, dass ihm zwei Jahre später die Mainzer Bischofswürde angetragen wurde. Er gilt als Mitbegründer der Katholischen Soziallehre und ist im **Mainzer Dom** bestattet.

➔ *Kurfürstliches Schloss, Peter-Altmeier-Allee 9, heute Tagungs-und Veranstaltungsort*

➔ *Mainzer Dom, Marienkapelle, Markt 10, www.bistummainz.de*

Straßenkämpfe

Die Präsenz des preußischen und österreichischen Militärs in der Bundesfestung Mainz sorgte ebenfalls für Unruhen. Wiederholt kam es zu gewalttätigen Auseinandersetzungen mit den Mainzern. Mitte Mai eskalierten diese. Am Sonntag, 21. Mai, betranken sich frisch entlohnte Soldaten im Wirtshaus **Zum Goldstein,** einem der ältesten Brauhäuser der Stadt, dessen alte Kastanie im Hof vielleicht schon Zeugin war, wie die Soldaten dort Zivilisten bedrohten, die schwarz-rot-goldene Kokarden trugen. Die Bürgerwehr verstärkte daraufhin ihre Präsenz in der Wache am Theater, wo scharfe Munition ausgegeben wurde. Am Abend kam es zu weiteren Schlägereien. Bewaffnete Bürger machten in der Ludwigstraße Jagd auf Soldaten und trieben sie auf die Bürgerwehr zu, die mittlerweile Unterstützung von ebenfalls bewaffneten Turnern und anderen Einwohnern erhalten hatte. Der Festungskommandant setzte einen Teil seiner Truppen zum Schutz der Regierungsgebäude Richtung Schillerplatz und Ludwigstraße in Marsch. Die

Das Gasthaus Zum Goldstein

Die frühere Preußische Hauptwache

Mainzer fürchteten, sie würden die Wache am Theater angreifen. Durch den Schuss eines Bürgers wurde ein Soldat tödlich getroffen. Ein besonnener preußischer Offizier befahl seinen Männern daraufhin, in die Luft zu schießen und verhinderte damit wohl ein Blutbad. Am Abend waren dennoch vier tote Soldaten und 26 Schwerverletzte sowie vier verletzte Bürger zu beklagen. Das Militär reagierte noch in der Nacht unerbittlich: Die Stadttore wurden geschlossen, die Rheinbrücke kontrolliert. Die Bürgerwehr wurde entwaffnet und alle Zusammenrottungen auf offener Straße wurden verboten. Dennoch kam es am 23. Mai erneut zu Streitigkeiten zwischen Bürgern und Soldaten, die sofort von der Waffe Gebrauch machten, so dass es weitere Tote und Verletzte gab. Franz Heinrich Zitz schilderte die Vorkommnisse in der Nationalversammlung, so dass eine Untersuchungskommission nach Mainz entsandt wurde. Diese fand aber, dass der Kommandeur der Festung das Recht habe, Maßnahmen zur Aufrechterhaltung der Ordnung zu treffen. An die gefallenen Soldaten erinnert heute auf dem mehr als 200 Jahre alten Hauptfriedhof, der dem Pariser Friedhof Père Lachaise zum Vorbild diente und sehenswert ist, das **Preußen-Denkmal**. Auch Kathinka Zitz-Halein ist dort beigesetzt.

➡ *Gasthaus Zum Goldstein, Kartäuserstraße 3, Wandtafel mit der Geschichte*

➡ *Preußische Hauptwache, Liebfrauenplatz 8, Sitz der preußischen Militärpolizei und der wachhabenden Soldaten, heute Haus am Dom*

➡ *Preußen-Denkmal, Hauptfriedhof, Untere Zahlbacher Straße 13, Feld 21*

Der frühere Justizpalast ist heute Wohnhaus

Im Eisenturm saßen die Revolutionäre ein

Nach dem Scheitern der Revolution im Juli 1849 lösten sich auch in Mainz die politischen Vereine auf. Die führenden Revolutionäre, die nicht zuvor geflohen waren, wurden gefangen genommen. Sie landeten im Eisenturm in der Rheinstraße. Dort saßen sie, bis fast ein Jahr später, im Juni 1850, im Mainzer Justizpalast der Prozess begann. Er endete für alle 97 Angeklagten mit einem Freispruch. Die sofort auf freien Fuß gesetzten Gefangenen wurden vor dem Justizpalast mit »brausendem Jubel« empfangen.

➔ *Eisenturm, Rheinstraße 59, mittelalterlicher Stadtturm, heute u.a. Sitz des Kunstvereins*

➔ *Justizpalast, Jüngerer Dalberger Hof, Klarastraße 4, heute private Wohnungen*

Interview Sarah Traub, Historikerin am Institut für Geschichtliche Landeskunde Mainz mit dem Schwerpunkt Demokratiegeschichte:

Welche Rolle hat die Mainzer Republik für die Revolutionäre von 1848 gespielt?

Die Mainzer Republik hatte in der Forschung lange einen schweren Stand und wurde häufig nicht als Demokratiegeschichte anerkannt. Die insgesamt neun Monate waren ein Demokratieversuch, natürlich waren die Jakobiner damals keine lupenreinen Demokraten. Die kurze Republik war aber ein Meilenstein, um weite Teile der Bevölkerung zu politisieren und ein Umdenken auszulösen, das 1848 möglich gemacht hat. Langsam erkennt die Forschung immer stärker, dass es zu den Familien der Protagonisten der Mainzer Republik mehr Kontinuität gibt, als gedacht. Es waren oft Väter, deren Söhne dann 1848 kämpften. Oder denken sie an Adam von Itzstein, der 1793 schon bei den Jakobinern und noch 1848 in der Nationalversammlung aktiv war. Solche Biografien treten jetzt mehr und mehr zutage.

Sichtbar ist heute davon leider sehr wenig im Mainzer Stadtbild. Es gibt nur einige Bauwerke, die in der Tradition von 1848 stehen. Es gibt aber Vereine und Initiativen, wie das Institut für Geschichtliche Landeskunde oder den »Verein für Sozialgeschichte«, die sich mit den demokratischen Ursprüngen beschäftigen. Das »Haus des Erinnerns«, ein Lern- und Erinnerungsort, setzt sich ebenfalls für Demokratie und Akzeptanz ein und präsentiert dabei zum Beispiel im Glaspavillon vor dem Eingang »Streiter für Demokratie« wie Heinrich von Gagern.

Sie überarbeiten derzeit im Auftrag der gleichnamigen Stiftung die Dauerausstellung im Hambacher Schloss. Was können wir von Orten wie diesem heute lernen?

Der Satz »Ohne Erinnerung keine Zukunft« trifft selten so zu wie in der Demokratiegeschichte. Lernorte wie das Hambacher Schloss können dazu beitragen, den Gedanken in die Bevölkerung zu tragen. Es gibt insgesamt nicht mehr viele authentische Orte aus dem 19. Jahrhundert, die davon erzählen können. Die Demokratiegeschichte wird aber am besten an solchen Orten lebendig. Man kann dort alle Altersgruppen für das Thema begeistern und ihnen klar machen: Demokratiegeschichte ist nicht nur etwas für Wissenschaftler, es geht uns als Demokraten alle an. Um so wichtiger ist es, diese Lern- und Erinnerungsorte entsprechend mit öffentlichen Geldern auszustatten,

Sarah Traub

da sie sich nicht aus eigener Kraft tragen. Nur dann können sie ihrer Bedeutung gerecht werden.

....

Zur Vor- oder Nachbereitung: Der Verein für Sozialgeschichte hat eine Broschüre »Auf den Spuren der Demokratie durch Mainz« herausgegeben, die dort für vier Euro zu bestellen ist, **www.sozialgeschichte-mainz.de/publikationen/sonderhefte.html**

Wiesbaden

Forderungen der Nassauer

Das Herzogtum Nassau zählte zu den Kleinstaaten im Deutschen Bund. Mit ihren 14.500 Einwohnern war die Residenzstadt Wiesbaden die mit Abstand größte nassauische Stadt. Auch Höchst gehörte damals dazu, wo es 1848 unter anderem eine rege und radikale Turnerschaft gab. In Wiesbaden bildete das Kur- und Badewesen den wichtigsten Wirtschaftszweig, das viel internationales Publikum in die Stadt zog. Im Bürgertum und in der Beamtenschaft war eine über die Grenzen Nassaus hinweg gut vernetzte politische Opposition entstanden, die sich für eine nationale Einheit einsetzte. Wie ein Lauffeuer verbreitete sich am 28. und 29. Februar 1848 die Nachricht über den Sieg der Revolution in Paris. Schon am nächsten Tag wurden unter Federführung des liberalen Landtagsabgeordneten August Hergenhahn (siehe S. 231) im **Hotel Vier Jahreszeiten**, von dem heute nur noch der Name an einem modernen Appartementhaus existiert, neun »Forderungen der Nassauer« an Herzog Adolf formuliert, darunter die Pressefreiheit, die sofortige Einberufung eines deutschen Parlaments, Vereinigungs- und Religionsfreiheit sowie die allgemeine Volksbewaffnung. Letztere war dabei zur Abwehr jeglicher Gefahr durch Aufständische gedacht. Man wollte keine Revolution. Am Folgetag wurden die Forderungen auf einer Volksversammlung verlesen, die sie unter lebhaftem

Blick auf Wiesbaden

Beifall billigte, sowie durch Flugblätter und Mundpropaganda im Land bekanntgemacht.

➔ *Hotel Vier Jahreszeiten, Theaterplatz, heute Kaiser-Friedrich-Platz*

Herzog Adolf von Nassau hatte 1840 mit dem neu erbauten **Stadtschloss**, in dem heute der Landtag residiert, eine zweite Residenz inmitten der Bürgerschaft Wiesbadens bezogen, die er jeden Winter nutzte. Die demonstrative Bürgernähe richtete sich nun allerdings gegen ihn. Rund 30.000 Menschen versammelten sich am 4. März 1848 vor dem Schloss, im Glauben, der Herzog sei vor Ort. Es war vor allem Landbevölkerung, häufig mit Sensen und Äxten bewaffnet. Ganze Ortschaften sollen geschlossen mit Trommlern und Musikanten voran aus dem Taunus und vom Main in die Stadt gezogen sein. Doch der Herzog weilte gerade in Berlin. Eine Bürgerwehr sorgte für Ordnung, als die Menschenmenge versuchte, das Theater und das Zeughaus zu stürmen und sogar gegen das Schloss vorrückte.

Rasch zurückgerufen, machte der Herzog vom Balkon des Stadtschlosses aus schließlich am Nachmittag weitgehende Zusagen. Die Stimmung schlug sofort um, man ließ den Herzog hochleben und die Menge löste sich nach und nach auf. Am 16. April wurde August Hergenhahn zum Ministerpräsidenten des Herzogtums ernannt. Er leitete zahlreiche Reformen ein.

❷ Stadtschloss, Schlossplatz, nach der Annektion Nassaus 1866 nutzten die preußischen Könige und späteren deutschen Kaiser das Schloss, heute Hessischer Landtag

Im Stadtschloss sitzt heute der Hessische Landtag

Julikrawall

Die Wahlen zur Nationalversammlung fanden in einem Klima der Aufregung und Unruhe statt. Die Pressefreiheit ermöglichte die Entstehung neuer Zeitungen, die die Stimmung schürten. Am 24. Mai 1848 gründete der Uhrmacher Georg Böhning, der wegen angeblichen republikanischen Aufruhrs und Hochverrats unter Beobachtung stand, mit zwei weiteren Republikanern in der Gastwirtschaft **Zum Neroberg** den Arbeiterverein, der für die politische und soziale Ausbildung seiner Anhänger sorgen wollte. Er zählte zu Anfang bereits 100 Mitglieder. Das Wiesbadener Bürgertum fühlte sich bedroht. Als eine Delegation des Vereins am 16. Juli beim Kommandanten der Artillerie die Freilassung einiger disziplinarisch bestrafter

Auf dem Friedrichsplatz (heute Schillerplatz) kam es zur Konfrontation

Soldaten forderte, eskalierte die Situation. Man beschloss, die Delegation verhaften zu lassen. Dabei kam die Bürgerwehr, die auf dem Friedrichsplatz Aufstellung genommen hatte, Böhning und seinen beiden Mitstreitern zu Hilfe. Nur durch das Einschreiten Wiesbadener Bürger konnte ein Schusswechsel verhindert werden. Am nächsten Morgen meldeten sich Böhnings Mitstreiter beim Kriminalgericht und wurden verhaftet, während er es vorgezogen hatte, nach Straßburg zu fliehen. Eine Menschenmenge drang daraufhin ins Kriminalgerichtsgebäude ein. Mit Äxten und Pickeln schlug sie die Tür ein und drang in den Hof. Aus Furcht vor der Übermacht ließen die Wachleute die Gefangenen frei. Im Triumphzug geleitete man sie zum Ministerialgebäude, wo man den Ministerpräsidenten Hergenhahn beleidigte und schmähte. Zwei Kompanien Militär aus Mainz stellten die Ordnung wieder her. Viele der Teilnehmer der Krawalle wurden verhaftet und bis zu vier Jahren Zuchthaus verurteilt.

Das frühere Ministerial-
gebäude

Das Herzogtum Nassau er-
kannte im März 1849 die in
Frankfurt beschlossene Reichsverfassung an. Die radikalen
Demokraten Nassaus trafen
sich im Juni 1849 zum Landes-
kongress in Idstein, um das
Rumpfparlament in Stuttgart
zu unterstützen. Eine Delegation von 56 Mitgliedern übergab
dem Herzog eine Erklärung,
der lehnte aber alle Forderun-
gen ab und ließ den führenden Köpfen des Kongresses den Prozess
machen. Sie wurden am Ende freigesprochen. Doch die Revolution war mit dem Einsetzen behördlicher Repressionen endgültig
niedergeschlagen. Vereine lösten sich auf, viele Revolutionäre flohen ins Ausland, andere ließen für die Freiheit ihr Leben, darunter
Georg Böhning, der aus dem Exil zurückkehrte, um 60-jährig am
badischen Aufstand teilzunehmen, wo er nach der Kapitulation am
17. August 1849 in Rastatt standrechtlich erschossen wurde.

➔ *Friedrichsplatz, seit 1859 Schillerplatz*

➔ *Ministerialgebäude, Bahnhofstraße/Ecke Luisenstraße, klassi-
zistischer Bau von 1842, heute Hessisches Justizministerium*

Die Revolution der Frauen Mit der Demokratiebewegung von 1848 konnten Frauen einen ersten Schritt in die zuvor rein männlich geprägte politische Öffentlichkeit gehen. Sie
wurden von der Euphorie ebenso erfasst, verfolgten aufmerksam die politischen Ereignisse, wurden publizistisch tätig und
in der Nationalversammlung sowie bei Zusammenkünften demokratischer Vereine als Zuhörerinnen zugelassen. In Wiesba-

den gründete sich sogar ein demokratischer Frauenverein, der sich mit politischen Fragen beschäftigte, aber auch gefangene Demokraten und deren Familien unterstützte. Die Mitglieder waren häufig mit demokratischen Männern verwandt oder verheiratet. Es gab auch Zusammenschlüsse katholischer und liberaler Frauen, bei denen allerdings stärker karitative Ziele im Fokus standen. Der Mainzer »Humania«-Verein der Schriftstellerin Kathinka Zitz-Halein unterstützte Aufständische und Männer im Exil humanitär, knüpfte aber auch Netzwerke für ihre Fluchtrouten. Ob Frauen aus dem Rhein-Main-Gebiet, wie Amalie Struve oder Emma Herwegh in Baden, mit den Aufständischen kämpften, ist bisher nicht bekannt.

Oestrich-Winkel

Hallgartener Kreis

Bevor man Hallgarten, den nördlichen Teil Oestrich-Winkels erreicht, fällt der Blick auf die malerisch am Hang gelegenen Häuser. Eines davon ist das Itzstein'sche Gutshaus. Heute ein Privathaus, war es mal eines der politischen Zentren des Vormärzes und

Das ehemalige Itzstein'sche Gut in Hallgarten

der Revolution. In der Hallgarten-Runde, zu der der damalige Besitzer Johann Adam von Itzstein seit 1839 regelmäßig auf das rund zehn Hektar große Weingut lud, trafen sich Liberale und Demokraten aus unterschiedlichen Bundesstaaten, von Schlesien über Preußen, Sachsen, Nassau bis Baden. Man versuchte, die Opposition zu koordinieren. Die Zusammenkünfte waren allerdings keine Parlamentarierkonferenzen, sondern vor allem gesellige Veranstaltungen. Das gemeinsame Mahl oder ein Trinkgelage mit dem guten Wein des Hauses wurden dennoch schnell zum Ort der Debatte, der Stehgreifrede und der patriotischen Trinksprüche. Konspirative Treffen sollen sich im sogenannten **Trommlerhaus,** einem kleinen Gästehaus am Rand des Weingutes abgespielt haben. Von dem Winzer Markus Bonsels vom Weingut Bibo-Runge kürzlich grundsaniert, wird es heute als **Revoluzzer Gartenhaus** für Veranstaltungen genutzt.

Der Netzwerker Bereits als junger Mann erlebte **Johann Adam von Itzstein**, der am 29. September 1775 in Mainz ge-

boren wurde, die dortige kurzlebige Republik (siehe S. 180). Als Jurist war er zunächst in Miltenberg (siehe S. 138), schließlich am Hofgericht in Mannheim tätig. 1822 wurde er Abgeordneter im badischen Landtag. Schon damals trat er für Pressefreiheit und die Ausweitung parlamentarischer Rechte ein. Daraufhin sollte er als Beamter an den Bodensee strafversetzt werden, wurde zugleich unter Hausarrest gestellt, bespitzelt und sozial geächtet. Er wehrte sich gerichtlich und wurde 1824 bei vollen Bezügen mit 49 Jahren pensioniert. Von da an lebte er auf dem Familienweingut in Hallgarten, zog nach den freien Wahlen in Baden 1831 aber erneut in den Landtag ein. Die Treffen auf dem 1837 geerbten Gut organisierte er spätestens seit 1839. Er war einer der populärsten Politiker des Vormärz. Sein Bild hing in Wirtshäusern neben dem des Großherzogs. Der Dichter des Deutschlandliedes, Hoffmann von Fallersleben, textete sogar ein Itzstein-Lied. Im Oktober 1847 organisierte er die Heppenheimer Versammlung (siehe S. 166) mit, im März 1848 eine weitere in Heidelberg. Mit 72 Jahren zog er in die Nationalversammlung ein und ging mit dem Rumpfparlament nach Stuttgart. Nach dessen Zerschlagung wurde er aufgrund einer angeblichen Beteiligung an der badischen Revolution wegen Hochverrats angeklagt. Nach kurzem Exil in der Schweiz und im Elsass konnte er nach Hallgarten zurückkehren, wurde aber aus dem badischen Landtag ausgeschlossen und verlor seine Bürgerrechte. Er starb in geistiger Umnachtung am 14. September 1855 in Hallgarten.

Der zum radikalen Flügel der Liberalen zählende Robert Blum war einer der bedeutendsten Teilnehmer des Hallgarten-Kreises, sehr früh auch Friedrich Hecker, der Itzstein auch darüber hinaus besuchte. Von Itzstein war Taufpate der drei Hecker-Kinder sowie des Sohnes von Robert Blum. Zum Kern des Hallgarten-Kreises zählten

Das Revoluzzer Gartenhaus

zudem der Dichter Heinrich Hoffmann von Fallersleben und einige persönliche Freunde von Itzsteins, die übrige Runde wechselte. Der spätere Paulskirchen-Präsident Heinrich von Gagern (siehe S. 31) war ebenso Gast wie der Frankfurter Liberale Friedrich Siegmund Jucho (siehe S. 32), der Mannheimer Verleger Friedrich Daniel Bassermann, August Hergenhahn, führender Kopf der nassauischen Liberalen (siehe S. 231) oder der Staatsrechtler Carl Theodor Welcker aus Baden. Dazu kamen Professoren und Ärzte. Bisweilen lebten die Gäste über Wochen in Hallgarten. Insgesamt 30 bis 40 Teilnehmer zählten zum Kreis, viele von ihnen waren ab 1848 Mitglieder der Nationalversammlung. Er gilt vielen daher als Keimzelle des Paulskirchenparlaments.

➡ *Itzstein'sches Gutshaus, Niederwaldstraße, Privatbesitz*

➡ *Trommlerhaus, Gästehaus, oberhalb des Friedhofes, Hallgartener Platz 1*

Der Autodidakt Zu den Stars des Paulskirchen-Parlaments zählte der am 10. November 1807 in Köln geborene **Robert Blum**. Seine Beiträge zu Demokratie, Volkssouveränität und Freiheit in

der Nationalversammlung wirkten über 1848 hinaus und flossen in das Grundgesetz der Bundesrepublik Deutschland ein. Zu seinen Lebzeiten war er nicht nur politisch angesehen, auch die Damen der feinen Frankfurter Gesellschaft rissen sich in ihren Salons um den wildbärtigen Revoluzzer. Blum hatte sich aus ärmlichen Verhältnissen hochgearbeitet und autodidaktisch fortgebildet. 1847 gründete er in

Leipzig den »Deutschen Vaterlandsverein«, der mit 11.500 Mitgliedern die stärkste politische Organisation in Sachsen und die Keimzelle der demokratischen Partei war. Er knüpfte Verbindungen zu Demokraten und Liberalen weit über Sachsen hinaus, etwa zum Hallgarten-Kreis. Im März 1848 wurde er zu einem der vier Vizepräsidenten des Vorparlaments gewählt und zog in die Nationalversammlung ein. Bei der Wahl des Präsidenten unterlag er Heinrich von Gagern (siehe S. 31). Kurz vor dem Scheitern des Parlaments hielt er eine Rede in Petterweil (siehe S. 52). Im Oktober 1848 reiste er im Auftrag der Linken-Fraktionen der Nationalversammlung nach Wien, um die dortigen Revolutionäre zu unterstützen. Er nahm an den Kämpfen teil und wurde nach der Kapitulation verhaftet. In einem improvisierten Standgerichtsverfahren wurde er zum Tode verurteilt und am Folgetag, dem 9. November 1848, vor den Toren der Stadt erschossen. Die rechtswidrige Verhaftung und Hinrichtung einer Leitfigur der Revolution, eines Abgeordneten, der Immunität besaß, ließ die Nationalversammlung vollends machtlos wirken. Blum wurde zur Symbolfigur der Revolution. Es gab zahlreiche Totenfeiern in deutschen Revolutionshochburgen wie der Wetterau.

Der Grabstein von Adam von Itzstein (Mitte)

»Ruhet hier ein mutig Herz«

Adam von Itzstein starb, von der Flucht gezeichnet, kurz vor seinem 80. Geburtstag auf seinem Gut. Er ist auf dem Friedhof in Hallgarten begraben. Der Grabstein aus rotem Sandstein ist bis heute erhalten. Auf der Rückseite des Grabmals steht ein Satz, der an den langen Weg erinnert, den von Itzstein von der Mainzer Republik bis zur Paulskirche zurückgelegt hat: »Müde von den Jugendkämpfen deutscher Freiheit ruhet hier ein mutig Herz.« Wer möchte, kann mit einem Glas Adam-von-Itzstein-Wein der Hallgartener Winzergenossenschaft auf ihn anstoßen.

Füllt die Gläser bis zum Rande!
Brüder, stoßet an!
Denn es gilt dem Vaterlande,
gilt dem braven Mann.
Vaterland, freue dich!
Deine Nacht wird immer heller:
Itzstein, unser Stern,
leuchtet nah und fern (...)
Laßt uns streben, laßt uns streiten
auf der Freiheit Bahn,
fortgehn mit dem Geist der Zeiten,
so wie Er getan«

Ausschnitt aus dem Itzstein-Lied von Hoffmann von Fallersleben

➡️ *Grabstein von Johann Adam von Itzstein, Friedhof*

Rheinromantik

Betritt man den Innenhof des **Brentanohauses** in Oestrich-Winkel, wähnt man sich in einer anderen Welt. Unter alten Bäumen stehen im Sommer schön eingedeckte Tische, die Fassade strahlt dazu in einem Ockerton. Das Gebäude gilt als eines der geistig-kulturellen Zentren der Rheinromantik. Hier war nicht nur Goethe zu Gast, auch die Brüder Grimm besuchten das Haus des Frankfurter Kaufmanns Franz Brentano, dessen Halbgeschwister Clemens und Bettine ebenfalls oft vor Ort waren. Wie viele Künstler ihrer Zeit verarbeiteten sie das Landschaftserlebnis des Flusses als Inbegriff wildromantischer Schönheit in ihren Dichtungen. Es entstanden zahlreiche Werke mit

Das Brentanohaus lässt die Zeit wieder aufleben

romantischen Motiven des Rheins – von Brentanos Ballade »Lore Lay« über Victor Hugos »Rheinreise« bis hin zu Wagners Opernzyklus »Ring des Nibelungen«. In Gruppierungen wie den Turnern, Sängern oder Burschenschaftern wurde die Verehrung des Flusses politisch aufgeladen. Sie verstanden den Rhein und seine Baudenkmäler als nationale Symbole, die das Selbstbewusstsein des deutschen Volkes und die Einheit stärken sollten. Auch aufgrund der Rheinkrise, in der Frankreich 1840 den Fluss erneut als natürliche Grenze seines Landes zu etablieren versuchte, entwickelte sich eine nationalistische Bewegung, in der etwa Ernst Moritz Arndt, später Abgeordneter im Paulskirchenparlament, zum Krieg gegen Frankreich aufrief. Hoffmann von Fallersleben dichtete unter dem Eindruck der Krise »Das Lied der Deutschen«, dessen dritte Strophe heute den Text der deutschen Nationalhymne bildet.

➔ *Brentanohaus, Am Lindenplatz 2, www.brentano.de*

Ingelheim

Präsident Mohr

Im gegenüberliegenden Rheinhessen blieb es im Vormärz eher ruhig. Auf dem Land waren es ähnlich wie in der Wetterau eher die

Die Stiegelgasse in Ingelheim

wirtschaftlichen Verhältnisse, die die Menschen in Unruhe versetzten. Auch in Ingelheim, damals noch aus zwei Gemeinden Nieder- und Ober-Ingelheim sowie Frei-Weinheim bestehend, litt die

Die Burgkirche mit Friedhof

Landbevölkerung in den 1840er Jahren schwer unter den Missernten. Zu den Meinungsführern der lokalen Opposition zählte der prominente Jurist Martin Mohr, Vizepräsident des Kreisgerichts in Mainz. Weil er sich mit der Regierung wiederholt anlegte, wurde er 1833 mit Mitte Vierzig bei vollen Gehaltsbezügen frühpensioniert. Er zog daraufhin, frisch vermählt, nach Ober-Ingelheim in ein **Anwesen**, das Mohrs Schwiegervater gekauft hatte und das bis heute, hinter einem Zaun verborgen, steht. Dort widmete er sich der Politik, gründete die linksliberale Casino-Gesellschaft mit, der er unentgeltlich in seinem Garten eine Kegelbahn zur Verfügung stellte, und half bei der Gründung der Turn- und Sportgemeinde 1848. Als Mitglied der Nationalversammlung schloss er sich der links-demokratischen Donnersberg-Fraktion an. Er war auch einer der Redner auf der Volksversammlung, die am 27. August 1848 in Ober-Ingelheim 6.000 bis 8.000 Menschen auf den Plan rief. In der Nationalversammlung saß Mohr bis zum bitteren Ende und zog mit dem Rumpfparlament nach Stuttgart um. Am 18. Dezember 1849 wurde er unter Missachtung seiner parlamentarischen Immunität verhaftet und des Hoch- und Landesverrats beschuldigt. Sein Prozess in Mainz endete mit einem Freispruch, so dass er ab 1850 wieder im Hessischen Landtag saß und bald darauf zum Landtagspräsidenten gewählt wurde. Er starb am 6. Mai 1865 und wurde in Anwesenheit von 5.000 Trauernden auf dem alten Kirchhof der Burgkirche bestattet. Sein **Grabmal** ist erhalten. Der mittelalterliche Friedhof mit der Kirche ist sehenswert.

➜ *Anwesen Martin Mohr, Stiegelgasse 48*
➜ *Turngemeinde Ingelheim, An der Burgkirche*
➜ *Grabdenkmal, Ober-Ingelheimer Kirchhof, An der Burgkirche*

Wer noch weiter möchte:

Bingen

Gasthaus der prominenten Kämpfer

Trotz schlechter Ernten blieb es im Vormärz in Bingen ruhig. Das lag auch daran, dass die Aufhebung des Feudalsystems mit adeligen Privilegien in Bingen schon durch die Franzosen erreicht worden war. Daher hatten die Bauern wenig Grund, sich an der Revolution zu beteiligen. Doch die überregionale Opposition nutzte die günstige Lage der Stadt und lud 1844 zu einem Festessen im

Gasthaus Zum Weißen Roß, in dem schon Goethe wohnte

Weißen Ross ein, an dem auch Adam von Itzstein (siehe S. 200) und Hoffmann von Fallersleben teilnahmen. Der Hotelier Joseph Soherr war mit prominenten Achtundvierzigern bekannt, etwa Georg Weerth, dem Mitarbeiter der von Karl Marx herausgegebenen Neuen Rheinischen Zeitung in Köln. Als Weerth sich im Herbst 1848 in Köln nicht mehr sicher fühlte, kam er direkt hinter die preußische Grenze ins Weiße Ross, von dem noch heute das Gebäude steht. Auch Turnvater Jahn stieg dort ab, als er am 5. April 1848 in der Stadt Station machte. Am Nachmittag unternahm er mit den Turnern einen Ausflug auf den **Scharlachkopf**, von dem aus man einen schönen Blick auf den Rhein und die Nahemündung hat. Im darauffolgenden Jahr logierte der aus Preußen ausgewiesene Karl Marx Ende Mai mit einigen Genossen und deren Familien in dem Gasthof. Sie waren auf dem Weg von einem Treffen des Bundes der Kommunisten in Frankfurt ins Exil nach London. Informationen zu den Besuchen von Jahn und Marx werden heute im Besucherzimmer des Burgturmes auf der **Burg Klopp** präsentiert. Die debattierfreudige Kultur vor der Revolution, die Rheinromantik und die Welt des Biedermeier veranschaulichen die thematischen Zimmer im **Museum am Strom**.

Auf der Burg Klopp erfährt man etwas über berühmte Besucher

- *Gasthaus zum Weißen Roß, Vorstadt 40/42, schon Goethe wohnte hier 1814 anlässlich des Rochusfestes und später, deshalb die Aufschrift Goethehaus*
- *Scharlachkopf, Aussichtspunkt des Rochusberges*
- *Burg Klopp, Mariahilfstraße, www.bingen.de*
- *Museum am Strom, Museumstraße 3, www.bingen.de*

Drususbrücke

Die Stimmung änderte sich im März 1848. Das Mainzer Bürgerkomitee rief zum Marsch nach Darmstadt auf, um den »Märzforderungen« Nachdruck zu verleihen. Hunderte Einwohner aus Bingen machten sich auf den Weg nach Mainz, doch bei ihrer

Rochuskapelle auf dem gleichnamigen Berg

William Turner malte die Drususbrücke

Ankunft waren die Forderungen bereits bewilligt. Die verhinderten Revolutionäre kehrten nach Bingen zurück. Die ganze Stadt feierte die Märzerrungenschaften, alles wurde illuminiert, besonders die **Rochuskapelle** hoch über der Stadt. Ein paar Tage später schlugen die Binger an der **Drususbrücke** über die Nahe, der einzigen Verbindungsbrücke zwischen Hessen und Preußen, den hessischen Löwen und den preußischen Adler ab und warfen sie als Symbole der deutschen Kleinstaaterei in den Fluss.

➔ *Rochuskapelle, 1814 erbaut, 1889 abgebrannt, 1891 neu erbaut*
➔ *Drususbrücke, Mitte des 11. Jahrhunderts, älteste Steinbrücke des Mittelalters in Deutschland, 1951/52 wieder aufgebaut*

Freudenfeuer & Volksversammlungen

Bei den Wahlen zur Nationalversammlung, die ebenfalls im **Weißen Ross** stattfanden, setzte sich der Landtagsabgeordnete Franz Josef Brunk durch. Bingen feierte den Vorabend der Parlamentseröffnung am 17. Mai mit einem großen Freudenfeuer auf dem **Rochusberg.** Von dort aus konnte man das Aufflammen zahlreicher weiterer Feuer auf den Höhen des Rheingaus und Rheinhessens sehen. Brunk starb allerdings im Oktober 1848. Bei der Nachwahl im Dezember zeigte sich eine Radikalisierung der Einwohner Bingens. Sie wählten unter dem Einfluss einiger Mainzer Linken wie Zitz (siehe S. 186) und dem Ingelheimer Martin Mohr (siehe S. 205) den Journalisten Jakob Friedrich Schütz – eine ziemliche Provokation. Denn Schütz wurde wegen seiner Beteiligung am Frankfurter Septemberaufstand polizeilich gesucht und war nach Brüssel geflohen. Als Abgeordneter genoss er Immunität und konnte nach Frankfurt zurückkehren, musste aber erst einmal seinen Wahlkreis bereisen, den er kaum kannte.

Die wohl letzte große überregionale Volksversammlung fand am 29. April 1849 auf dem Binger Fruchtmarkt statt, der heute ein großer Parkplatz ist. Auch Bewohner der nassauischen und preußischen Gebiete reisten nach Bingen. Mit 8.000 bis 10.000 Menschen kamen weit mehr, als die Stadt Einwohner hatte. Es mussten zwei zusätzliche Dampfschiffe angemietet werden, sonst hätte die Schifffahrtslinie den Andrang nicht bewältigen können. Franz Zitz eröffnete die Versammlung und prophezeite das unmittelbar bevorstehende Ende der Nationalversammlung. Gemeinsam beschloss man, die Durchsetzung der Reichsverfassung auch mit Gewalt zu erzwingen. Zwischen 50 und 100 Binger zogen als Teil des rheinhessischen Freikorps unter der Führung des Revolutionärs und Turners Jacob Nix in die Pfalz und weiter nach Baden, wo der Aufstand niedergeschlagen wurde. Nix wurde, wie einige seiner Mitstreiter, wegen Hochverrats angeklagt, aber freigesprochen. Er emigrierte trotzdem zunächst nach Nordafrika, dann in die USA, nicht ohne sich im »Volksboten« von den Bingern zu verabschieden: »Euch schwöre ich bei Gott dem Allmächtigen, dass ich nie eigennützig und anders als im Interesse meines armen Vaterlandes gehandelt habe. (...). Lebet wohl und behaltet mich in Andenken.«

➔ *Rochusberg, Teil des Binger Stadtwaldes, Pavillon an der Nordseite, »Goethe-Ruhe«*

Assmannshausen

Die Krone der Stadt

Zurück auf der nördlichen Rheinseite, steht man in der Rotweinstadt Assmannshausen vor einem der traditionsreichsten Gasthäuser Deutschlands, dem **Hotel Krone**. Bekannt geworden, weil die

Weinberge über Assmannshausen

Die Krone warb mit dem
berühmten Dichter

Kaiserin Sisi von Österreich hier übernachtete, war das 1808 eröffnete Wirtshaus auch zu Zeiten der Rheinromantik ein Anziehungspunkt. Hoffmann von Fallersleben war hier ebenso zu Gast wie Clemens Brentano, Robert und Clara Schumann, Victor von Scheffel (siehe S. 164) sowie Ferdinand Freiligrath, damals einer der populärsten deutschen Dichter. Dieser versteckte sich im Mai 1844 einige Tage mit seiner Frau Ida in dem Gasthof und schloss dort seine Sammlung eigener und übersetzter politischer Gedichte mit dem Titel »Ein Glaubensbekenntniß« ab. Darin äußert er seine Begeisterung für die freiheitliche Demokratie. Bis heute erinnert ein Raum mit dem Sekretär des Dichters im Hotel daran. Dessen Buch wurde ein Erfolg und war trotz Verbotes noch im selben Jahr vergriffen. Es begründete seinen Ruf als politischer Dichter, brachte ihm aber auch die polizeiliche Verfolgung ein, so dass er nach Brüssel floh.

→ *Hotel Krone Assmannshausen, Ferdinand-Freiligrath-Museumszimmer, Rheinuferstraße 10, www.hotel-krone.com*

Ebenfalls sehenswert in der Region:

→ *Hochheim, Weinbaumuseum, informiert über die Arbeit der Winzer von der Anlage des Weinbergs bis zur Flaschenabfüllung, www.hochheim.de*

→ *Mainz, Pfarrkirche St. Stephan, mit den in Deutschland einzigartigen neun Fenstern des jüdisch-russischen Künstlers Marc Chagall, www.bistummainz.de/pfarrei/mainz-st-stephan*

→ *Bingen, Kulturufer, vielfältige Attraktionen vom Mäuseturm bis zur Gartenstadt, www.bingen.de*

→ *Rüdesheim, Niederwalddenkmal, monumentales Gedenkbauwerk, erinnert an die Einigung Deutschlands 1871, www.niederwalddenkmal.de*

→ *Wiesbaden; Landesmuseum, neben Sonderausstellungen auch Dauerpräsentation Jugendstil, www.museum-wiesbaden.de*

Route 7
Hochtaunus/Main-Taunus

Route 7
Hochtaunus/Main-Taunus

Bad Homburg

Revolution mit Nebenwirkungen

Am 5. März 1848 zogen rund 500 Einwohner vom Büro des Stadt-schultheißen zum **Schloss** und überreichten ihre 13 Forderungen, die der Landgraf Hessen-Homburg am nächsten Tag genehmigte.

Der Weiße Turm im Hof des Schlosses

Dazu zählte die Bildung einer Bürgergarde. Deren Fahnen-weihe beging man am 9. Juli auf der Wiese am **Ludwigs-brunnen** in der Nähe des Brun-nensälchens, das der Landgraf 1838 für eine Spielbank hat-te errichten lassen. Dort stand an diesem Tag ein schwarz-rot-golden dekoriertes Podium, auf dem Ansprachen gehalten wur-den. Ein Festzug mit den Bür-gergardisten, den höchsten Re-präsentanten der Stadt, fünf Fahnenträgerinnen und 150 weiß gekleideten und bekränz-ten Frauen und Mädchen setzte sich Richtung Schloss in Bewe-gung. Dort umkreiste er zwei Mal den **Weißen Turm**. Als der Landgraf Gustav, seine Gattin und Prinz Ferdinand im Schlosshof erschienen, zeigte sich allerdings, wie wenig die Bürgergardisten von ihrem Landesherren hielten. Der Major der Bürgergarde, Hutfabrikant Johann Georg Möckel, verwehrte die übliche Geste des Respekts und ließ die Kämpfer vor der Landgrafenfamilie nicht die Waffen präsentieren.

Ein Naturdenkmal im Stadtteil Gonzenheim ist bis heute aus dem Kampf um Freiheit und Einheit erhalten. Dort hatte der damalige Wirt des **Homburger Hofes**, Peter Bruder, am 30. Mai 1848, also kurz nach der Eröffnung der Nationalversammlung in der Paulskirche, eine **»Freiheitslinde«** als Symbol für den Aufbruch in eine neue Zeit gepflanzt. Im Garten des Traditions-Gasthauses ist immer noch der Stamm der Sommerlinde mit wenigen Ästen zu sehen. Davor informiert eine Tafel über die Bedeutung des Baumes. Für die Homburger brachte die Revolution aber nicht nur mehr Freiheiten. Im

Der Homburger Hof in Gonzenheim

Herbst 1848 beschloss die Nationalversammlung die Schließung von »Stätten der Unsittlichkeit und Trägheit«, also auch der Spielbank. Die Bürger protestierten gegen die aus ihrer Sicht ökonomisch fatale Entscheidung – ohne Erfolg. Am 7. Mai 1849 rückten 700 Infanteristen und 67 Reiter des Bundesheeres ein. Die Spielbank musste zum 9. Mai ihren Betrieb

Eine Plakette für Georg Schudt hängt an der Turnhalle

|217

einstellen, eröffnete aber erneut nach dem Scheitern der National-versammlung Ende August.

Zwei Denkmäler erinnern in der Stadt an die Revolutionszeit. Eines für den Turnvater Friedrich Ludwig Jahn (siehe S. 105), der zwei Mal zu Volksversammlungen nach Homburg kam. Ein weiteres, an der zur Turnhalle umgewidmeten ehemaligen französisch-refor-mierten Kirche, ehrt den Mitbegründer des Turnvereins von 1846 und späteren Herausgeber des »Taunusboten«, Georg Schudt. Der Turnverein organisierte 1849 das Turnfest auf dem Feldberg.

➔ *Schloss Bad Homburg, Residenz der Landgrafen,*
 www.schloesser-hessen.de, www.bad-homburg-tourismus.de

➔ *Ludwigsbrunnen, Kurpark, Brunnenallee, Keimzelle des Kurbe-triebs in Homburg*

➔ *Hotel und Restaurant Homburger Hof, Freiheitslinde, Frankfur-ter Landstraße 126, Gonzenheim*

➔ *Denkmal für Friedrich Ludwig Jahn, 1912 enthüllt, hinter der Turnhalle der Homburger Turngemeinde 1846*

➔ *Denkmal für Georg Schudt, 1910 enthüllt, an der Außenwand der Turnhalle, Dorotheenstraße 5*

Oberursel

Rückholaktion

Die Oberurseler hielten 1848 ebenfalls Volksversammlungen ab. »Feurige« Reden für ein deutsches Vaterland waren unter anderem am 24. April auf dem **Marktplatz** zu hören. Dank der historisch bes-tens erhaltenen Altstadt Oberursels kann man sich die Situation der Menschenmassen, die damals auf den schmalen Platz strömten, leb-haft vorstellen. Im Anschluss an die Volksversammlung entstand die Bürgerwehr, für die sich fast 70 Freiwillige meldeten. Geübt wurde mit ausrangierten Gewehren aus Homburg auf der **Bleiche**, die heute noch Festplatz ist. Die stärkste revolutionäre Unternehmung, die in die Stadtgeschichte eingegangen ist, fand aber bereits kurz nach Bewilligung der Märzforderungen statt. Dabei ging es, wie so oft, ums Geld. Der Herzog von Nassau hatte 1830 den städtischen Hospitalfonds gegen den erbitterten Widerstand der Oberurseler unter seine Verwaltung gestellt, die Papiere nach Königstein bringen lassen und verfügte seitdem willkürlich

Das 1668 entstandene Alte Hospital

über das Vermögen des Fonds. Dieser stammte aus der Reformationszeit, in der die Stadt um 1530 zur Unterstützung von bedürftigen

alten Menschen eine ansehnliche Summe Geld gesammelt hatte. 1668 entstand das als Herberge gedachte **Alte Hospital**, das nebst dazugehöriger Hospitalkirche noch heute in der gleichnamigen Straße steht. Die Oberurseler waren stolz auf ihre für die Zeit außergewöhnliche karitative Einrichtung. Beseelt vom revolutionären Geist, zogen am 6. März 1848 daher um die 50 Bürger nach Königstein, um den Schatz zurückzuholen. Sie hatten sich im Gasthaus **Zum Schwanen** dazu verabredet, bis heute eines der Traditionsgasthäuser Oberursels. Vor

Im historischen Rathaus übergab man den Hospitalfonds an den Stadtvorstand

dem Amtshof in Königstein verlangten sie die Rückgabe der Geld-truhe und Papiere, die ihnen gegen Quittung ausgehändigt wurden. Per Schubkarren brachten sie alles zurück nach Oberursel. Als um 12 Uhr mittags die Glocken in der Stadt ertönten, strömten Männer und Frauen, Freudenlieder singend und Fahnen schwenkend, den Helden entgegen. Gemeinsam zog man weiter zum **Rathaus**, wo die Kiste mit den Papieren an den Stadtvorstand übergeben und noch einmal die Freiheit gefeiert wurde. Bestraft wurde die Rückholaktion nicht, weil man einhellig aussagte, dass die gesamte Bürgerschaft für ihr Recht eingetreten sei. 1849 wurde der Hospitalvorstand aller-dings zwangsweise aufgelöst.

➔ *Marktplatz mit Historischem Rathaus und Bleiche*
➔ *Altes Hospital, Hospitalstraße 9, heute u.a. Seniorentreff*
➔ *Zum Schwanen, Gasthaus, Hollerberg 7, www.zum-schwanen-oberursel.de*

Nassaus Uhland

Aloys Henninger

In der Urselbachstraße steht noch heu-te ein kleines Häuschen, in dem der Heimatdichter und Herausgeber des Lokalblatts »Der Taunusbote«, Aloys Henninger, geboren wur-de. Er war nicht nur Literat, son-dern auch ein politischer Mensch und Demokrat. Der 1814 in Stier-stadt geborene Sohn eines Leh-rers ging nach einem Philologie-Studium in Gießen ebenfalls in den Schuldienst. Aus seiner Anstel-lung an der Realschule in Diez wurde er allerdings 1848 wegen seiner politi-schen Haltung entlassen. Er verkehrte mit den Demokraten vor Ort und hatte in Zeitungsartikeln und in Gedichten mit Titeln wie »Schwarz-Rot-Gold« und »Parlamentsfeuer« offen seine Meinung geäußert. Zwei seiner Gedichte feierten zudem den linken Demokraten Robert Blum. Nach seiner Entlassung heiratete er die Schriftstellerin Katharina Schweitzer, die den Lebensunterhalt der Familie sicherte. Er schrieb für den von ihm gegründeten »Taunusboten« sowie Heimatgedichte und sammelte, ähnlich wie die Brüder Grimm, alte Sagen, die er herausgab. Wegen seiner literarischen Werke erhielt er den Beinamen »Nassaus Uhland«.

➡ *Altes Postgebäude, heute Privathaus, Urselbachstraße 14*

Kronberg

Wehrhaftes Kronberg

Wie in anderen Orten gründete sich auch im nassauischen Kronberg nach der von Herzog Adolph erlaubten Volksbewaffnung im März

Blick zur Burg Kronberg

Die Hof Apotheke hieß früher Amtsapotheke

Das Gasthaus Zum Weinberg heute

1848 eine Bürgerwehr. Man forderte die Bürger auf, in die Schützen-kompagnien einzutreten, um »dem Gesamtvaterlande nützlich sein zu können, wenn gemeinsame Gefahr dies erfordern solle«. Die historische Cronberger Schützengesellschaft, 1398 erstmals urkundlich erwähnt und bis heute aktiv, bildete einen eigenständigen Teil in der 200-Mann starken Bürgerwehr. Wilhelm Neubronner, Apotheker der damaligen **Amtsapotheke** Kronberg, wurde Hauptmann der Bürgerwehr und gilt als einer der aktiven Revolutionäre Kronbergs. Auch Felix Renker, Metzger und Wirt des Gasthauses **Zum Weinberg** – in späteren Jahren noch ein politischer Treffpunkt, an dem sich unter anderem die Kronberger SPD gründete und bis heute Traditions-gaststätte –, war Mitglied der Bürgerwehr. Später übernahm er den **Adler**, der einige Jahrzehnte danach zum Treffpunkt der Mitglieder der Kronberger Malerkolonie wurde und ebenfalls heute noch existiert. Anfang März 1848 wurden in Wiesbaden Waffen angefordert und bald danach 50 Gewehre und 32 Musketen abgeholt. Um stets bereit zu sein, unterhielt die Bürgerwehr von März bis Mai 1848 eine ständige Wachstube am Frankfurter Tor. Wie dieses Tor ausgesehen hat, kann man sich heute an einem Modell im **Stadtmuseum** anschauen.

Die Begeisterung unter den Kronbergern für die Revolution war offenbar groß. Die Stadtchronik berichtet zumindest, dass »bei dem billigen, guten Äpfelwein ein reges Leben« herrschte. Zur Eröffnung der Nationalversammlung in Frankfurt feierten sie am Vorabend ein großes Volksfest mit Freudenfeuer. Auch Robert Blum (siehe S. 202) kam auf Einladung Neubronners und hielt in den Kastanienstücken, einem heute bebauten Gelände an der Königsteiner Straße, eine Freiheitsrede. Die Weihe der schwarz-rot-goldenen Bürgerwehrfahne, die die jungen Mädchen und Frauen im Ort genäht hatten, wurde dort am 23. Juli ebenfalls mit einem Volksfest inklusive Wettschie-

Anton Burger malte den »Adlerwirt in Kronberg«

Wilhelm Neubronner

ßen begangen. Die Fahne, die jede Bürgerwehr damals führen musste, ist heute im Besitz der Cronberger Schützengesellschaft.

➜ *Amtsapotheke, heute Hof Apotheke Kronberg, damals noch Doppesstraße 4, heute ehemalige Streitkirche, Friedrich-Ebert-Straße 16*

➜ *Museum Stadtgeschichte, am Burgtor, Schlossstraße 10−12, www.kronberg.de*

➜ *Gasthaus zum Weinberg, Steinstraße 13*

➜ *Gasthaus Adler, Friedrich-Ebert-Straße 13*

Auch sehenswert:

Möglich ist ein Abstecher nach Königstein, wo in den Kellern der Burg die Mitglieder des Mainzer Jakobinerklubs eingesperrt waren, denen vorgeworfen wurde, Anhänger der Mainzer Republik (siehe S. 180) zu sein. Unter ihnen war auch Caroline Böhmer, die spätere Muse der Romantiker sowie Caroline Schlegel-Schelling. Für beide gibt es eine Erinnerungstafel auf der Burg, **www.koenigstein.de**.

Kelkheim-Hornau

Familiensitz

In Hornau befand sich im 19. Jahrhundert der Sitz der Familie Heinrich von Gagerns (siehe S. 31). Sie besaß von 1818 bis 1866 ein ehemaliges **Hofgut,** bestehend aus einem zweistöckigen Herrenhaus mit rund 30 Zimmern, einem Gesinde- und einem Branntweinbrennhaus und Stallungen. Der Besitz umfasste rund 37 Hektar, dazu weitere neun Hektar in Kelkheim. Heinrich von Gagerns Vater Hans Christoph hatte das Hofgut erworben, als er sich aus der Politik zurückzog. Er lebte dort als Gutsherr mit seiner Frau und seinen zehn Kindern. Drei von ihnen, die Söhne Friedrich, Heinrich und Maximilian, gehörten zu den Wegbereitern der deutschen Demokratie. Gagern empfing dort viele Freunde, züchtete Rosen, kultivierte Obstbäume und schrieb kulturhistorische und politische Bücher. Das Herrenhaus wurde 1907 abgerissen. Heute ist noch das ehemalige Gesindehaus erhalten. Seit 1954 ist es Pfarrhaus der Katholischen Pfarrgemeinde St. Martin. Eine Bronzeplakette erinnert seit dem 100. Todestag Heinrich von Gagerns im Jahr 1980 an die vier bedeutenden Mitglieder der Familie. An der östlichen Giebelseite ist noch das Büffelgehörn zu sehen, das General Friedrich von Gagern 1845 als Geschenk eines Fürsten in niederländisch Ostindien erhielt. Auf dem Grundstück wurde 1997/98 eine Grünanlage angelegt, die an die Familie erinnern soll. Zwölf Findlinge in

Das Gesindehaus des Hofguts mit den Büffelhörnern

der **Gagernanlage** symbolisieren die zehn Kinder und die beiden Eltern. Bepflanzt wurde sie mit Rosen und Apfelbäumen, wie Hans Christoph von Gagern sie einst züchtete. Ein zwei Kilometer langer Gagernweg durch den Stadtteil, ausgehend vom Hofgut, zeichnet die Geschichte der Familie auf Informationstafeln nach.

➡ *Hofgut, Gesindehaus, Rotlintallee 10, rechts davon: Gagernanlage*

➡ *Ein Modell des Hofguts steht im Museum, Frankfurter Straße 21, www.museum-kelkheim.de*

Staufenschwur

Sehenswert sind am Ende der Hornauer Straße auch die Grabstätten der Familie von Gagern auf dem am Berg gelegenen **Alten Hornauer Friedhof**. Insgesamt elf Grabmale sind dort Ruhestätte für sechzehn Angehörige der Familie. Unter ihnen sind die Eltern Heinrich

Die Gräber der Familie von Gagern

»Nur eine deutsche Fahne sollte wehen Vom Ostseestrand bis zu der Alpen Höhen; Und unsre Losung war: Ein Deutschland sei, Ein Vaterland – groß, mächtig, einig frei!«

Vers von Friedrich von Gagern

von Gagerns, sein Bruder Friedrich, der beim Heckeraufstand am 20. April 1848 in Baden fiel, sowie seine Schwester Amalie. Die Stadt Kelkheim ehrt ihre berühmten Bewohner zudem mit der Heinrich-Freiherr-von-Gagern-Plakette, die als höchste Auszeichnung an Persönlichkeiten vergeben wird, die sich um die demokratische Gesellschaft und ihre Einrichtungen in der Stadt besonders verdient gemacht haben.

Wer noch weiter möchte, kann den Gipfel des **Staufen** erklimmen, so wie es die drei Brüder von Gagern in den ersten Oktobertagen 1838 taten. Dort, mit Blick auf den Taunus und das väterliche Hofgut, sollen sie den brüderlichen Treuebund fürs Leben geschworen haben. Eine bronzene Tafel erinnert daran.

➡ *Alter Friedhof, Hornau, Hornauer Straße 176*
➡ *Staufen, bei Fischbach, Felsgruppe »Großer Mannstein« und Infotafel an der Hornauer Straße*

Schmitten

Freiheit auf dem Gipfel

Bereits in der ersten Hälfte des 19. Jahrhunderts wurde der **Große Feldberg** zum Schauplatz für Versammlungen im Geiste der Frei-

Dieser Blick vom Großen Feldberg stand für Freiheit

heit. Die ersten Freudenfeuer auf dem Brunhildisfelsen brannten 1814 nach dem Sieg über Frankreich. Schon damals beschwor der Dichter Ernst Moritz Arndt dort die Freiheit und Einheit, während rundherum um die 500 weiteren Feuer zu erahnen waren. Auch die Turner entdeckten die höchste Erhebung der Region für sich. Zunächst wanderten die Hanauer alleine auf den Feldberg, dann schlossen sich die Turner weiterer Orte an. Für sie wurde der Berggipfel zum politischen Symbol. Dort erfuhren sie ein Gefühl der Freiheit und empfanden die Einheit der weithin sichtbaren Landschaft. Der Frankfurter Verleger August Ravenstein, der 1833 die Frankfurter Turngemeinde gegründet hatte, rief in diesem Sinne 1844 gemeinsam mit dem Usinger Journalisten Fritz Emminghaus die Turner, Sänger und »wahren Volksfreunde« der Region dazu auf, sich am 23. Juni zu einem »gemeinschaftlichen Gebirgsausflug und Besuch des Feldbergs zu vereinigen«. Mehr als 6.000 »Volksfreunde« kamen, darunter 200 aktive Turner. Auch Ferdinand Freiligrath stieß aus dem Rheingau zu ihnen (siehe S. 212). Ravenstein nutzte in seiner Rede an die Menge die Symbolik des freien Her-

Postkarte zum Feldbergfest aus späterer Zeit

zens auf Bergeshöhen, das ein »frohes deutsches Lied« singe. Musik- und Gesangsvereine spielten auf, Wirte aus Königstein, Kronberg, Oberursel und Homburg boten Getränke und Bratwurst an. Die Hanauer Turner führten Freiübungen vor. Mit fünf gleichzeitig aufgestellten Pyramiden der Turner und einem »Lebehoch« endete das Fest. Sofort kam der Wunsch auf, daraus eine ständige Einrichtung zu machen. Im folgenden Jahr kamen schon 8.000 Besucher. 1846 und 1848 waren es sogar 10.000, unter ihnen jeweils einige Hundert Turner, aber auch Gesangsvereine, Schützenvereine, Wanderer, Schulklassen, Bürgerwehren, Militärkapellen und Studenten. 1847 war zwar das Wetter schlechter, dafür fanden erstmals Wettkämpfe statt, bei denen Preise und Urkunden verliehen wurden. Zum Feldbergfest am 16. Juli 1848 kamen viele Mitglieder der Frankfurter Nationalversammlung, um »über die gegenwärtigen wichtigen Zeitereignisse Aufschlüsse« zu geben. Über allem wehten die schwarz-rot-goldenen Fahnen. 1849 wurden die Zeiten schwieriger. Das Turnfest erhielt Auflagen, jede »politische Agitation« war verboten. Da über die Feldbergspitze die Grenze zwischen Nassau, Frankfurt und Hessen-Homburg verlief, mussten die Turner auf eine Wiese zwischen Feldberg und Altkönig ausweichen. Der Landgraf von Hessen-Homburg hatte das Fest auf seinem Drittel der Kuppe verboten, ließ Militär aufmarschieren und das Areal mit Fichten bepflanzen, was ihm den Spott des Frankfurter Dichters Friedrich Stoltze einbrachte. Die Turner zogen kurzerhand auf Nassauer Gebiet zum Fuchstanz um. In den Folgejahren wurden die Turnfeste gänzlich verboten und konnten erst 1860 wieder aufgenommen werden. Seit 1909 erinnert am Aussichtsturm eine Steintafel an den Initiator August Ravenstein. Im Jahr 1969 wurde ein weiterer Gedenkstein aufgestellt, der an das erste Feldbergfest 1844 erinnert. Das Fest mit Wettkämpfen findet bis heute statt.

➔ *Großer Feldberg, Brunhildisfelsen, Schmitten-Niederreifenberg*

Der Deutsche Michel Die aus der Renaissance stammende Figur galt im Vormärz als Symbol des Spießbürgers oder einfältigen Bauerntölpels und erlebte eine neue Blütezeit vor allem in der politischen Karikatur. Der am 20. Januar 1822 in Wehrheim geborene Heinrich Michel, Bäcker, Wirt und Mitbegründer des Turnvereins Anspach, war dagegen ein ganz anderer Deutscher Michel. Als der Landgraf von Hessen-Homburg 1849 das Turnfest auf dem Feldberg verhindern wollte und Truppen aufmarschieren ließ, wurde Michel morgens gegen 10 Uhr von den Soldaten festgenommen. Er hatte sich geweigert, die Pistole und seine republikanische Kleidung – blaues Hemd, roter Gürtel und eine rote Feder am Hutband – abzulegen. Als das Homburger Militär ihn abends nach Homburg mitnehmen wollten, gelang ihm die Flucht. Er rettete sich auf dem Weg hinunter durch einen gewagten Sprung in den dichten Wald, worüber weit über die Grenzen des Taunus hinaus berichtet wurde. 1862 erwarb er in Wehrheims heutiger Hauptstraße 35 ein Haus und eröffnete die Gastwirtschaft »Deutsches Haus«, die nicht nur zum Hauptquartier der Liberalen, sondern auch als Haus »Zum deutschen Michel« bekannt wurde.

Drei Fragen an Gregor Maier, Fachbereichsleiter Kultur des Hochtaunuskreises:

Der Feldberg war damals ein starker Anziehungspunkt für die Turner und Freiheitskämpfer. Ist von seiner damaligen Bedeutung heute noch etwas spürbar in den Taunusgemeinden?

Wenn im 19. Jahrhundert die Turner auf den Feldberg gewandert sind, waren das geradezu patriotisch-freiheitliche Wallfahrten. Diese symbolische Dimension ist heute nicht mehr im Bewusstsein, aber dass der Feldberg als »Frankfurter Hausberg« bis heute ein so beliebtes Ausflugsziel ist, hat durchaus seine Ursprünge in dieser historischen Feldberg-Begeisterung. Und natürlich gibt es bis heute jedes Jahr das 1844 begründete Feldberg-Turnfest, das älteste deutsche Bergturnfest.

Gregor Maier

Was können oder sollten wir heute von diesem Symbol für Freiheit und Demokratie lernen?

Beim Blick in die Geschichte beeindruckt mich persönlich die Verbindung von politischen Zielen mit der Wahrnehmung von Landschaft und Umwelt. Schon die Akteure des 19. und frühen 20. Jahrhunderts wollten kein pathetisches Denkmal und keine nationale Weihestätten-Architektur, sondern sahen das Erlebnis der Taunuslandschaft als das Wesentliche an. Dadurch wurden die hohen Freiheitsideale mit der Liebe zur Heimat und dem Erlebnis der Natur verbunden – ein, wie ich finde, sehr schöner Gedanke: Freiheit und Demokratie sind nicht nur Verstandes-, sondern zugleich auch Gefühlsfragen.

Der Hochtaunus war damals, anders als vielleicht die Wetterau, keine Hochburg der Revolutionäre. Warum, denken Sie, waren vor allem die Turnvereine die führenden Akteure?

Dass die frühen Vereine – die Sänger übrigens ebenso wie die Turner – wesentliche Träger des Freiheitsgedankens waren, ist zunächst nichts Besonderes. Im Taunus mag das durch die dichte Städtelandschaft besonders ausgeprägt sein: Beamte, Bildungsbürger und Unternehmer in Homburg, Friedrichsdorf, Königstein, Kronberg, Oberursel und Usingen haben in den Vereinen ihre Plattform gefunden – und vielleicht zugleich auch für eine Bändigung des revolutionären Gewaltpotentials gesorgt. Allerdings wissen wir immer noch viel zu wenig über die Revolution von 1848 im Taunus – hier liegt noch viel Stoff für historische Forschungen.

Wer noch weiter möchte:

Usingen

Revolutionär und Regierungschef

Mit einer Plakette an einem Haus in der Obergasse ehrt Usingen seinen wohl berühmtesten Sohn, August Hergenhahn, der dort am 16. Februar 1804 geboren wurde. Er studierte Rechts- und Staatswissenschaften, war Prokurator am Hof- und Appellationsgericht in Usingen und ließ sich 1833 in Wiesbaden als Anwalt nieder. Er zählt zu den Protagonisten der Revolution, gehörte zum Hallgartenkreis

Das Geburtshaus des Revolutionärs

August Hergenhahn

(siehe S. 199), nahm 1847 an der Heppenheimer Versammlung teil (siehe S. 166) und war Mitglied des Frankfurter Vorparlaments. Von April 1848 bis Juni 1849 war er Ministerpräsident des Herzogtums Nassau, ab Mai 1848 auch Abgeordneter der Frankfurter National-versammlung. Nach dem Scheitern des Parlaments setzte er seine Karriere fort, am Gericht in Wiesbaden und Dillenburg, als Direk-tor der Nassauischen Landesbank und schließlich als geschäftsfüh-render nassauischer Staats- und Justizminister. Er starb am 29. De-zember 1874 mit 70 Jahren in Wiesbaden. Direkt neben dem Haus Hergenhahns steht das Friedrich-August-Palais. Im Juni 1814 tra-fen sich dort auf Einladung von Ernst Moritz Arndt junge Männer aus dem Taunus, um der Sehnsucht nach einer deutschen Einheit Gehör zu verschaffen, und gründeten die erste »Deutsche Gesell-schaft« des Landes. Unter ihnen war auch Friedrich Ludwig Wei-dig (siehe S. 71). Im historischen Kavaliershaus am Schlossplatz ist das Stadtmuseum angesiedelt, das neben Informationen über Hergenhahn ein Relikt der Revolutionszeit zeigt: Die Fahne des

Schützenvereins. 1821 bekamen die Schützen die mit dem
Herzoglichen Wappen versehe-
ne Fahne, die sie 1848 mit einer
schwarz-rot-goldenen Fahnen-
zier quasi demokratisierten.

➡ *Geburtshaus August Her-*
   genhahn, Obergassse 25
➡ *Stadtmuseum Usingen,*
   Schlossplatz 4,
   www.geschichtsverein-usingen.de

Das Usinger Schloss

Nach den erfolgreichen ersten Turnfesten auf dem Feldberg
gründete sich im Juli 1846 in Usingen eine Turngemeinde mit 40
Mitgliedern, und damit eine der frühesten im Herzogtum Nassau.
Geübt wurde in der bereits bestehenden, aber nur den Staatsdie-
nern vorbehaltenen Turnanstalt im **Schlossgarten**. 1848 gründeten die Usinger eine Bürgerwehr mit 200 Mann, in der der Turnverein eine tragende Rolle übernahm. Er war zugleich politisches
Sammelbecken, vor allem für Republikaner, denn einen politischen Verein gab es nicht. Die Turner engagierten sich auch bei
der Förderung der politischen Bildung. Im »Lesekabinett« in der
Turnerkneipe lagen für die Mitglieder Tageszeitungen aus. Eines
der wichtigsten Ereignisse des Vereins war die Fahnenweihe am
23. Juli 1848, zu der mehr als 20 Turnvereine der Region eingela-
den waren. Um 14 Uhr startete der Zug zum Turnplatz im Schlossgarten. In den Reden wurden das Feudalsystem kritisiert und die
Republik als Heil Deutschlands propagiert. Schließlich wurde die
Fahne überreicht, die die Usinger Frauen genäht hatten. Nach einem Schauturnen zog man zurück zum Schloss, wo das Fest mit
einem Ball endete.

➡ *Schlossgarten, Schloßgartenweg*

Im Rathaus traf sich im Mai 1849 das Volk

Als einziger Ort Nassaus hielt Usingen am 4. Februar 1849 in der **Laurentiuskirche** einen Dankgottesdienst für die im Vorjahr gewährten Grundrechte und bürgerlichen Freiheiten ab. Der Stadtrat und die Usinger nahmen regen Anteil an der Grundrechte-Feier. Auch das Usinger **Rathaus**, heute wieder in schönster Pracht zu sehen, war Schauplatz revolutionärer Ereignisse. Bei einer Volksversammlung, die der Turnverein Usingen nach der Weigerung des Preußischen Königs, die Kaiserkrone anzunehmen, am 1. Mai 1849 einberief, und zu dem auch die demokratischen Vereine von Wehrheim, Anspach und Arnoldshain kamen, entschlossen sich die Teilnehmer, sich zu bewaffnen, um die Reichsverfassung durchzusetzen. »Gott erhalte Deutschlands Einheit und Freiheit!« ist eine Petition unterschrieben, in der der Vorstand des Turnvereins die Usinger bittet, ihre Wehrhaftigkeit anzuzeigen.

➔ *Laurentiuskirche, Pfarrgasse 7*
➔ *Altes Rathaus, Wilhelmstraße 1, www.usingen.de*

Ebenfalls sehenswert in der Region:

➔ *Burg Kronberg, hochmittelalterliche Burganlage mit einem der schönsten Blicke auf die Rhein-Main-Ebene, www.burgkronberg.de*
➔ *Römerkastell Saalburg, das weltweit einzige rekonstruierte Römerkastell, UNESCO-Welterbe, www.saalburgmuseum.de*
➔ *Arboretum Main-Taunus, frei zugänglich, www.hessen-forst.de/arboretum*

Literatur (Auswahl)

Brockhoff, Evelyn/Jehn, Alexander (Hg.): Die Frankfurter Paulskirche. Ort der deutschen Demokratie, Frankfurt 2020

Drummer, Heike/Zwilling, Jutta: Im Geist der Freiheit. Eine Topographie der Kultur-Region Frankfurt RheinMain, Frankfurt 2008

Ebeling, Dieter: Vom Ende der Napoleonischen Zeit bis zum Beginn des Kaiserreiches: Bingen in der Geschichte des 19. Jahrhunderts (1815-1870/71), Bad Kreuznach 2019

Fritz, Jürgen W.: Carl Preller, der Drucker des „Hessischen Landboten". Vom Kampf der Republikaner im Vormärz. Offenbach 1984

Gall, Lothar (Hg.): 1848 Aufbruch zur Freiheit. Eine Ausstellung des Deutschen Historischen Museums und der Schirn Kunsthalle Frankfurt zum 150jährigen Jubiläum der Revolution von 1848/49, Berlin 1998

Hessischer Landbote und Offenbach: Dokumentation der Ausstellung Friede den Hütten! Krieg den Palästen! Georg Büchners Hessischer Landbote und Offenbach im Vormärz (1815-1848), Riedstadt 2019

Hils-Brockhoff, Evelyn/Hock, Sabine: Die Paulskirche. Symbol demokratischer Freiheit und nationaler Einheit, Frankfurt 1998

Hoede, Roland: Die Heppenheimer Versammlung vom 10. Oktober 1847, Frankfurt 1997

Koch-Gontard, Clotilde: Briefe und Erinnerungen aus der Zeit der deutschen Einheitsbewegung 1843-1869, bearbeitet von Wolfgang Klötzer, Frankfurt 1969

Schmittner, Monika: Der Traum von der freien Republik. Revolution am bayrischen Untermain 1848/49, Aschaffenburg 1998

Tapp, Alfred: Hanau im Vormärz und in der Revolution von 1848-1849, Hanau 1976

Weber, Matthias: Die Revolution im Stadtstaat: die Freie Stadt Frankfurt am Main 1848-1850, in: Archiv für Frankfurts Geschichte und Kunst Band 64 (1998), S. 247-292

Wettengel, Michael: Die Revolution von 1848/49 im Rhein-Main-Raum, Wiesbaden 1989

Wettengel, Michael: Die Wiesbadener Bürgerwehr 1848/49 und die Revolution im Herzogtum Nassau, Taunusstein 1998

1848/49 Turner im Kampf um Einheit und Freiheit, Turnhistorische Ausstellung in der Wandelhalle der Paulskirche zu Frankfurt/Main anlässlich des Deutschen Turnfestes 1983

sowie zahlreiche Publikationen von lokalen Geschichtsvereinen, wie etwa die Wetterauer Geschichtsblätter

Abbildungsnachweis

Alle nicht ausdrücklich aufgeführten Fotos stammen von der Autorin selbst.

C. Braunwarth, Büdingen, S. 79
The British Museum, London, William Turner, Zeichnung, 1817: S. 210
Brüder-Grimm-Stadt Steinau an der Straße: S. 115
Brüder-Grimm-Stadt Steinau an der Straße, Konrad Merz: S. 114
Peter Brunner, Riedstadt-Goddelau: S. 151, 157
BüchnerBühne Riedstadt: S. 160
Anton Burger, „Beim Adlerwirt in Kronberg", 1861, URL: https://www.sammlung.pi-
    nakothek.de/de/artist/jWLpaoEGKY: S. 223 (o.)
Stephan Dreier, Oestrich-Winkel: S. 205 (li.)
Drummer/Zwilling, Im Geist der Freiheit, Frankfurt 2008: S. 101, 202
Fotowerk Nidda, Repro: Daniel Lijovic: S. 76
Horst Goebel, Assmannshausen: S. 212
Halber Mond, Heppenheim: S. 168
Hanauer Geschichtsverein 1844 e.V.: S. 107, 109
Haus der Stadtgeschichte, Offenbach am Main, Verlag Eduard Gustav May Frank-
    furt am Main: S. 82
Hessischer Landtag, Kanzlei: S. 196
Hessisches Staatsarchiv Darmstadt: S. 86
Historisches Museum Frankfurt am Main/Fotograf: Horst Ziegenfusz: S. 18, 31, 39,
    43, 200
Hotel zur Traube, Nidda: S. 77
Institut für Stadtgeschichte Frankfurt am Main: S. 17, 21 (Francois Georgin), 22, 23
    (Fritz Bergen), 24 (Ludwig von Eliott), 25, 26, 27, 32 (Gottfried Vömel), 34, 35
    (Wilhelm Jury), 40 (Philipp Heinrich Hoffman-Saarlouis), 41 (Wilhelm Völker), 44
    (u.), 45, 129 (Wilhelm Völker)
Sarah Karl, Hochtaunus: S. 214/215, 221, 227
Kreisarchiv Hochtaunuskreis: S. 228
Landesarchiv Baden-Württemberg, Generallandesarchiv Karlsruhe: S. 172
Lebensform GmbH, Erbach : S. 161, 176
mainzplus CITYMARKETING: S. 178/179
Markus Lust, Erbach: S. 175
Parkhotel Krone, Bensheim: S. 164 (li.)
Julian Reibling, Hanau: S. 111
RTKT Sabine Nebel: S. 205 (re.)
Johann Schmidt, Chronik der Gemeinde Weißkirchen, 1965: S. 220
Monika Schmittner, Goldbach: S. 126
Torsten Silz, Bingen: S. 209 (o.)
Spessart-Mainland; Michael Seiterle: S. 132

Spessart-Mainland; Holger Leue: S. 134 (u.), 139

Stadtarchiv Darmstadt: S. 150 (re.), 154

Stadtarchiv Friedberg (Hessen): S. 56

Stadtarchiv Kronberg: S. 223 (u.)

Stadtarchiv Miltenberg: S. 133 (li.), 138

Stadtarchiv Offenbach: S. 89

Stadt Butzbach, Museum: S. 65, 71, 76 (o.)

Stadt Usingen: S. 233, 234

Stadt- und Stiftsarchiv Aschaffenburg, Graphische Sammlung: S. 120, 122, 144

Tourismusfonds Mainz e.V., Foto Farmer: S. 180, 188

Sarah Traub, Mainz: S. 193

#visitfrankfurt, Anke Haub: S. 163, 166, 174

#visitfrankfurt, Holger Ullmann: S. 36

#visitrheinmain, David Vasicek: S. 12/13, 30 (o.) 48/49, 55, 62, 64, 67, 69, 80/81, 92, 97, 99, 116/117, 119, 124, 125, 146/147, 157, 158

Wiesbaden Congress Marketing GmbH: S. 195

Thorsten Willig, Frankfurt: 52, 53, 59, 66, 70, 74, 84 (re.), 91, 93, 95, 103, 104, 112, 128, 130, 133 (re.), 134 (o.), 136, 140, 141, 142, 143 (o.), 162, 164 (re.), 167, 169, 170, 171, 173, 181, 183, 185, 186, 190, 191, 206, 208, 209 (u.)

Das Projekt „Geist der Freiheit" in der KulturRegion FrankfurtRheinMain

Demokratie und Freiheit sind nicht selbstverständlich. Sie wurden über Jahrhunderte hart erkämpft und immer wieder verteidigt. Daran erinnern zahlreiche Orte, Personen und Ereignisse gerade auch in der Rhein-Main-Region. Von der Mainzer Republik über die Freiheitskämpfer im Vormärz, die Revolutionen 1848 und 1918, die Netzwerke des Widerstands gegen den Nationalsozialismus bis zur Entstehung der Bundesrepublik, der Verfolgung von NS-Verbrechen und neuen sozialen Bewegungen im 20. Jahrhundert – die Demokratie- und Freiheitsgeschichte ist für die Metropolregion ein wichtiges konstituierendes Merkmal.

Seit 2006 widmet sich daher das regionale Projekt „Geist der Freiheit" in der KulturRegion FrankfurtRheinMain, getragen von heute 53 Kommunen, Landkreisen und dem Regionalverband, dieser Geschichte

und den gesellschaftlichen Fragen, die sich mit ihr verbinden. Die zahlreichen Orte, an denen sich Freiheits- und Demokratiegeschichte in der Region konkret manifestiert, sind hierbei grundlegend. Mit der umfassenden Topografie „Im Geist der Freiheit" legte das Projekt zunächst eine quellenbasierte Bestandsaufnahme für die Region vor. Diese wird seit einigen Jahren in Form einer interaktiven Karte im Netz fortgeführt. Sie versammelt mittlerweile rund 180 Orte, darunter historische Schauplätze, Straßen und Wege, Museen und Institutionen, Denkmäler und Gedenktafeln. Etliche Orte wurden im Rahmen von Projekten und Themenschwerpunkten in den letzten Jahren ausführlich bearbeitet und dokumentiert wie etwa die „Orte der Meinungsfreiheit".

„Geist der Freiheit" lädt die Menschen in der Region ein, sich mit der Geschichte und ihren Auswirkungen bis in die Gegenwart zu befassen und sie in Stadtspaziergängen und Führungen zu erkunden. Wer über den vorliegenden Führer „Routen der Freiheit" hinaus mehr wissen möchte, dem bietet die KulturRegion Informationen auf der interaktiven Karte und im Rahmen der regelmäßig stattfindenden Veranstaltungsreihen von „Geist der Freiheit".

Foto: © KulturRegion / Stefanie Kösling

www.krfrm.de

Für kleines **Geld** kreuz und quer durch die **Region!**

2 Tage Days **RheinMainCard**

Individual Ticket

2 Tage Days **RheinMainCard**

Gruppenkarte/Group Ticket

Nur Kugelschreiber benutzen.
Use ball-point pen only.

Bus und Bahn inklusive

Ermäßigung auf mehr als **70** Attraktionen

Altstadt Frankfurt © #visitrheinmain, Daniel Vyrosek